Region of Valparaiso, the jewel of pacific the sailors say, second part.

Region of Valparaiso, the jewel of pacific the sailors say, second part.

REGION OF VALPARAISO

The Jewel of Pacific the sailors say

SECOND PART, URBAN PHOTOGRAPHY

Autor:

Enrique Reyes Vale, fotógrafo

+569-58222074 / revalfotos@gmx.es

Prólogo / Foreword

El presente libro tiene muy poco escrito, grafica de forma fotográfica la herencia arquitectónica, los murales artísticos urbanos y algunas de las actividades de la vida diaria de la gente de Valparaíso. Cada persona tiene una interpretación diferente según su cultura social y tradiciones de su país de origen. Por ello es que ésta introducción no hace descripciones y tampoco incluye conceptos personales del fotógrafo, para no predisponer al lector.

The present book has very little written, graphically depicts the architectural heritage, the urban artistic murals and some of the activities of the daily life of the people of Valparaíso. Each person has a different interpretation according to their social culture and traditions of their country of origin. That is why this introduction does not make descriptions and does not include personal concepts of the photographer, so as not to predispose the reader

Fotografía: Enrique Reyes Vale

La libertad está a tu alrededor, todos los caminos llevan a roma,
mil viajes harás en busca de esa libertad que no es otra cosa que
un permanente presente en el cual cada lugar que visites es una
parte de ti mismo(a).

Para ti ... de mí

Freedom is around you, all roads lead to Rome, a thousand trips
you will make in search of that freedom that is nothing other
than a permanent present in which every place you visit is a
part of yourself.

For you ... from me

Region of Valparaiso, the jewel of pacific the sailor say

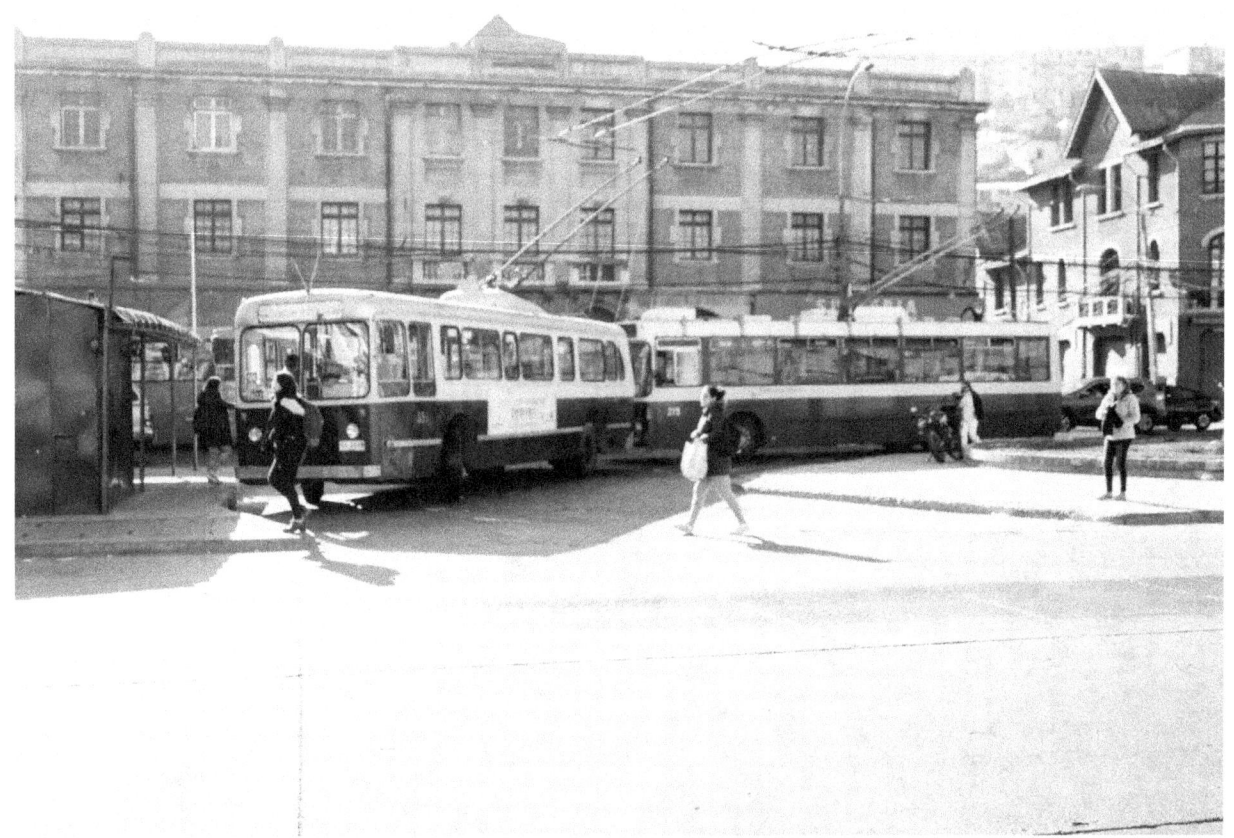

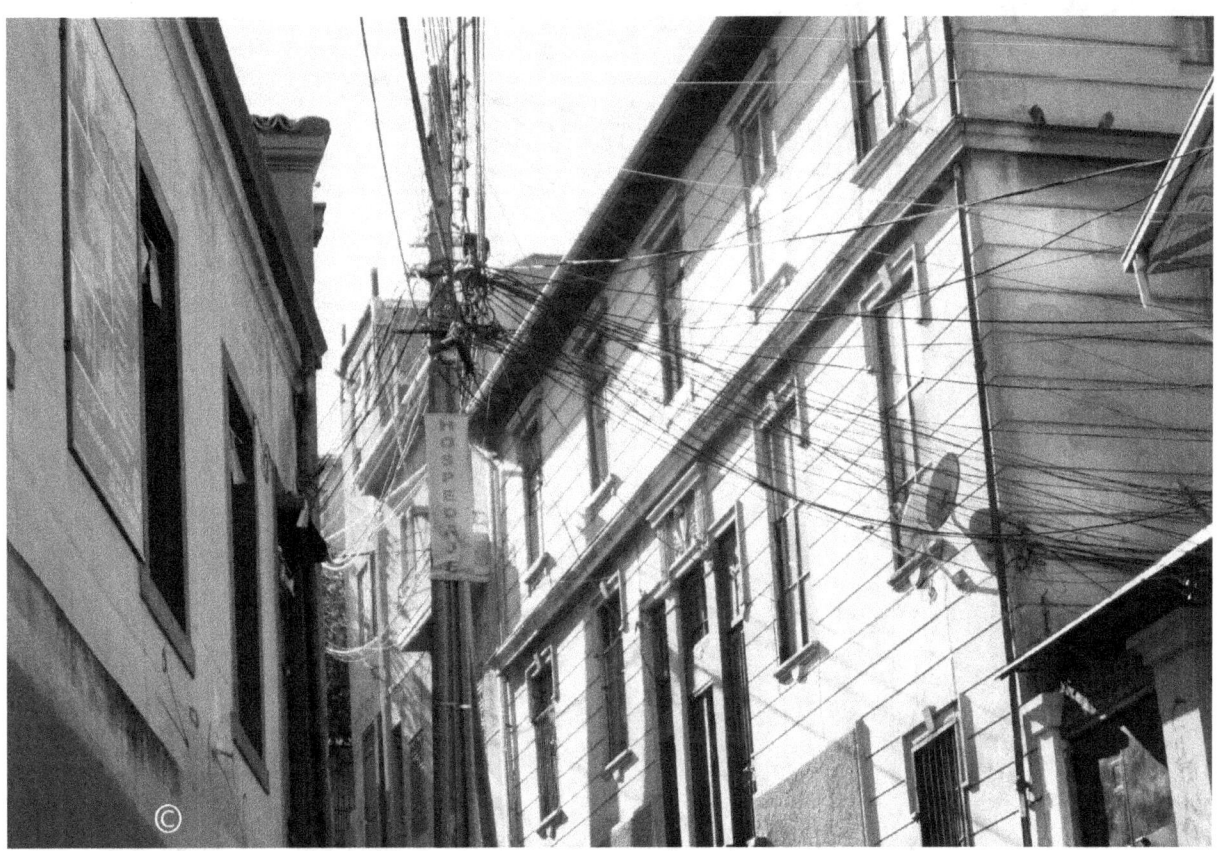

Region of Valparaiso, the jewel of pacific the sailor say

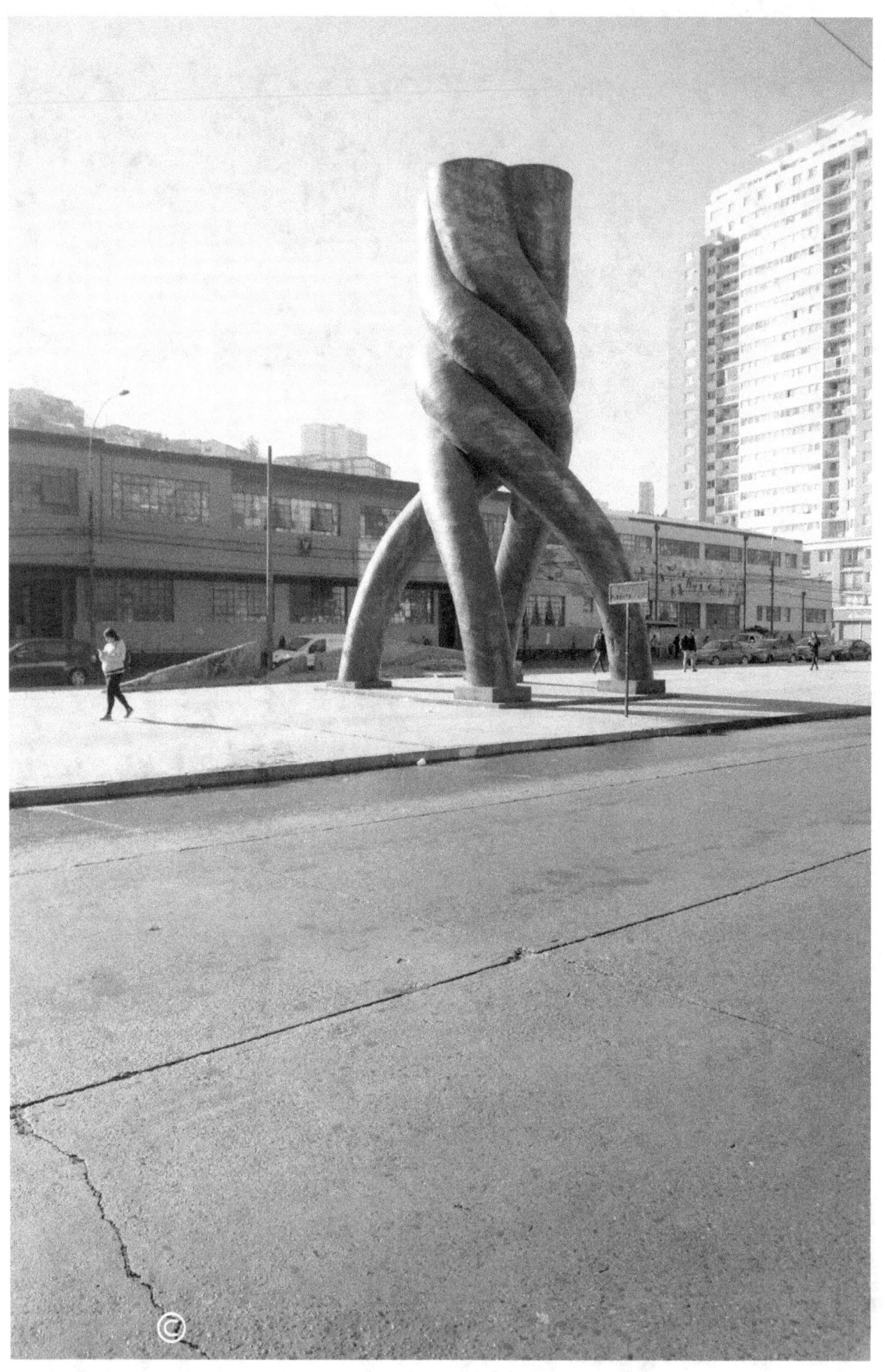

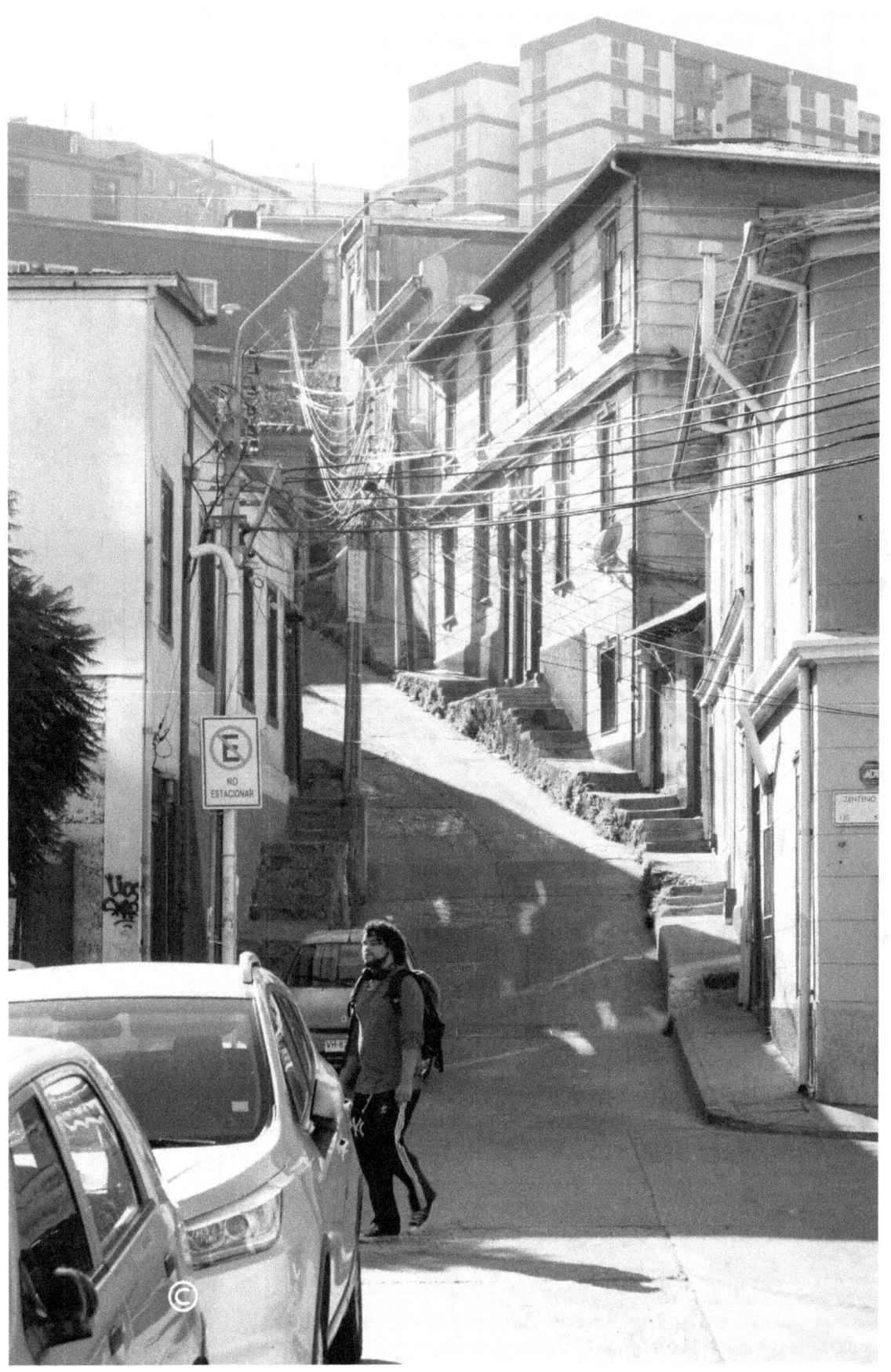

Region of Valparaiso, the jewel of pacific the sailor say

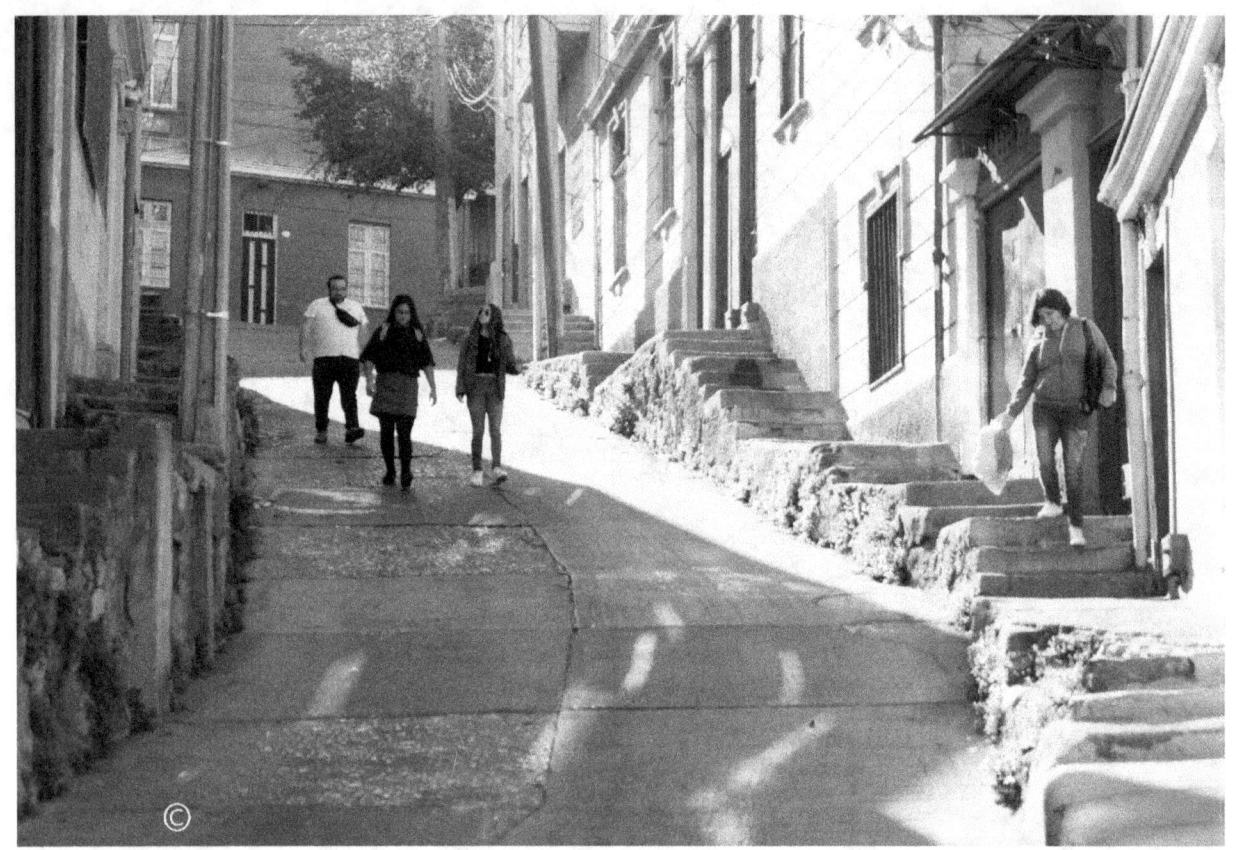

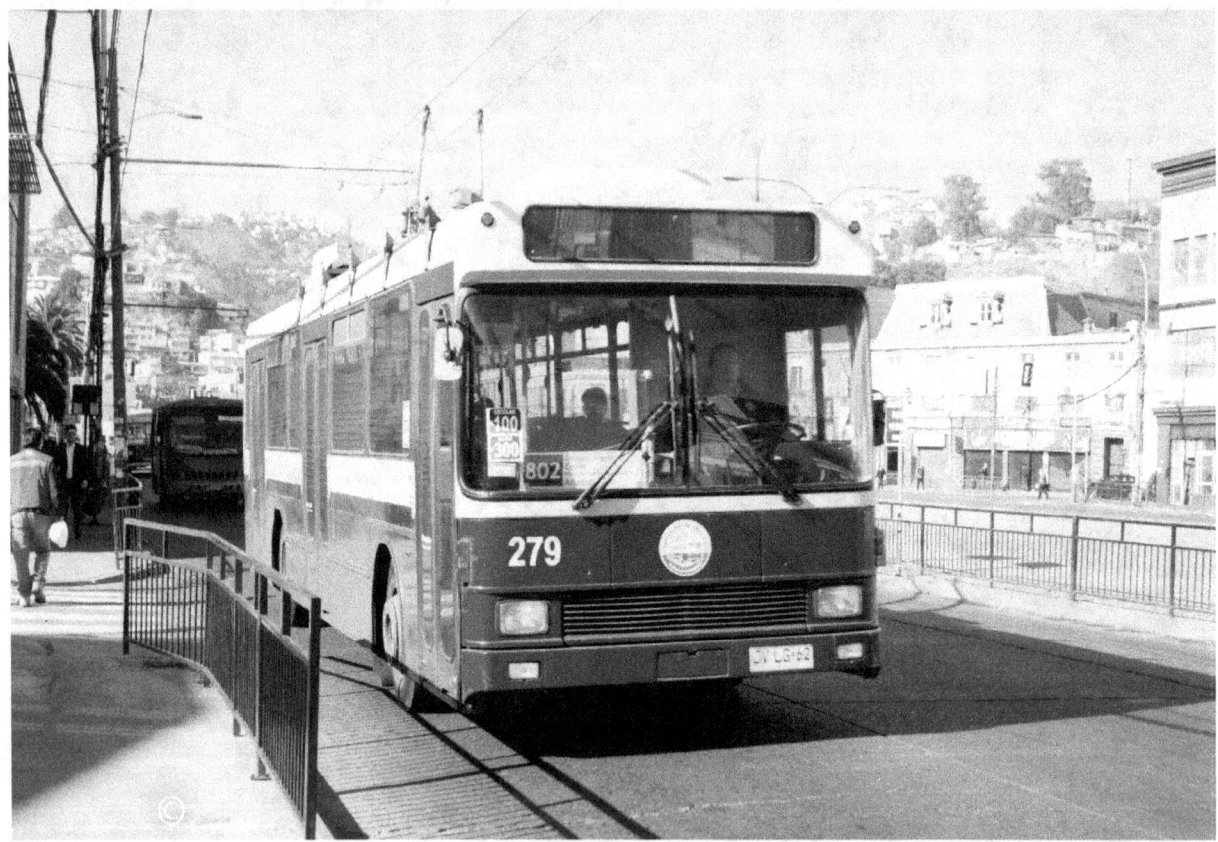

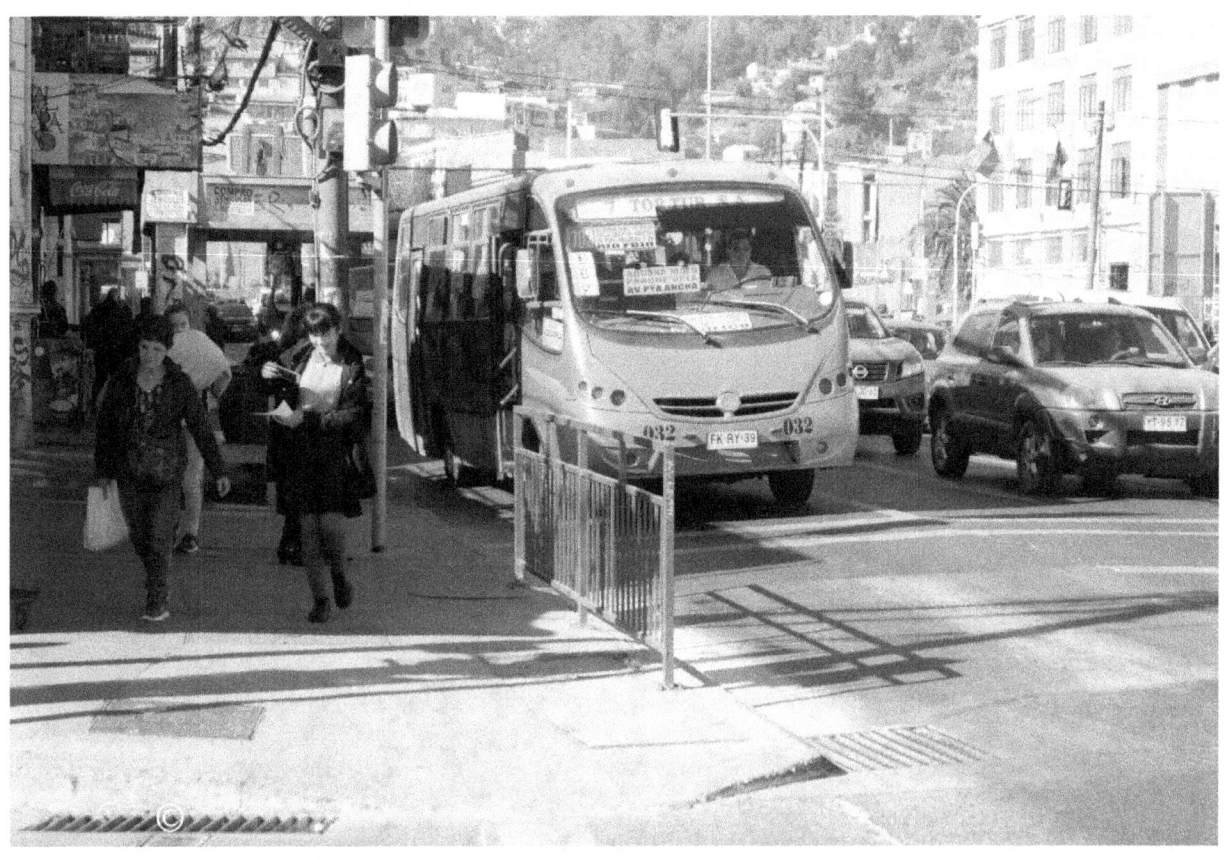

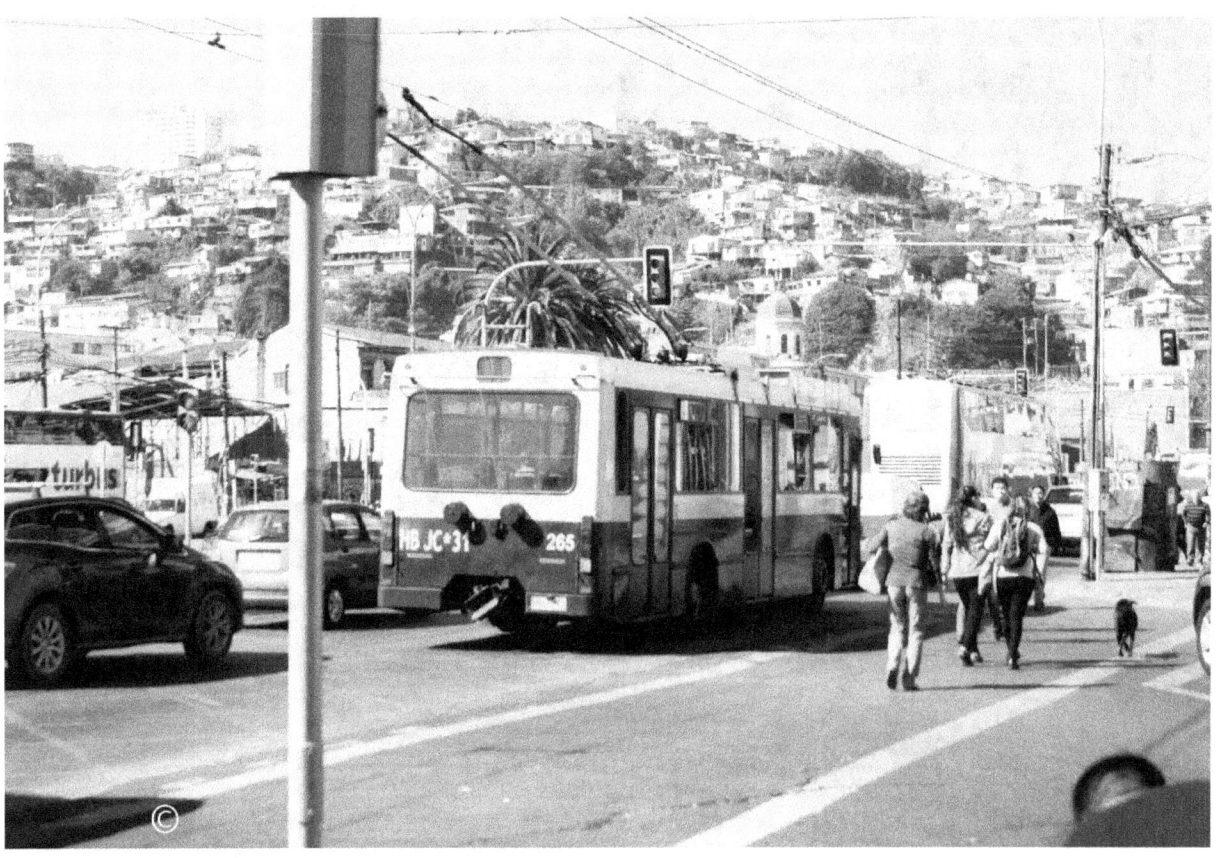

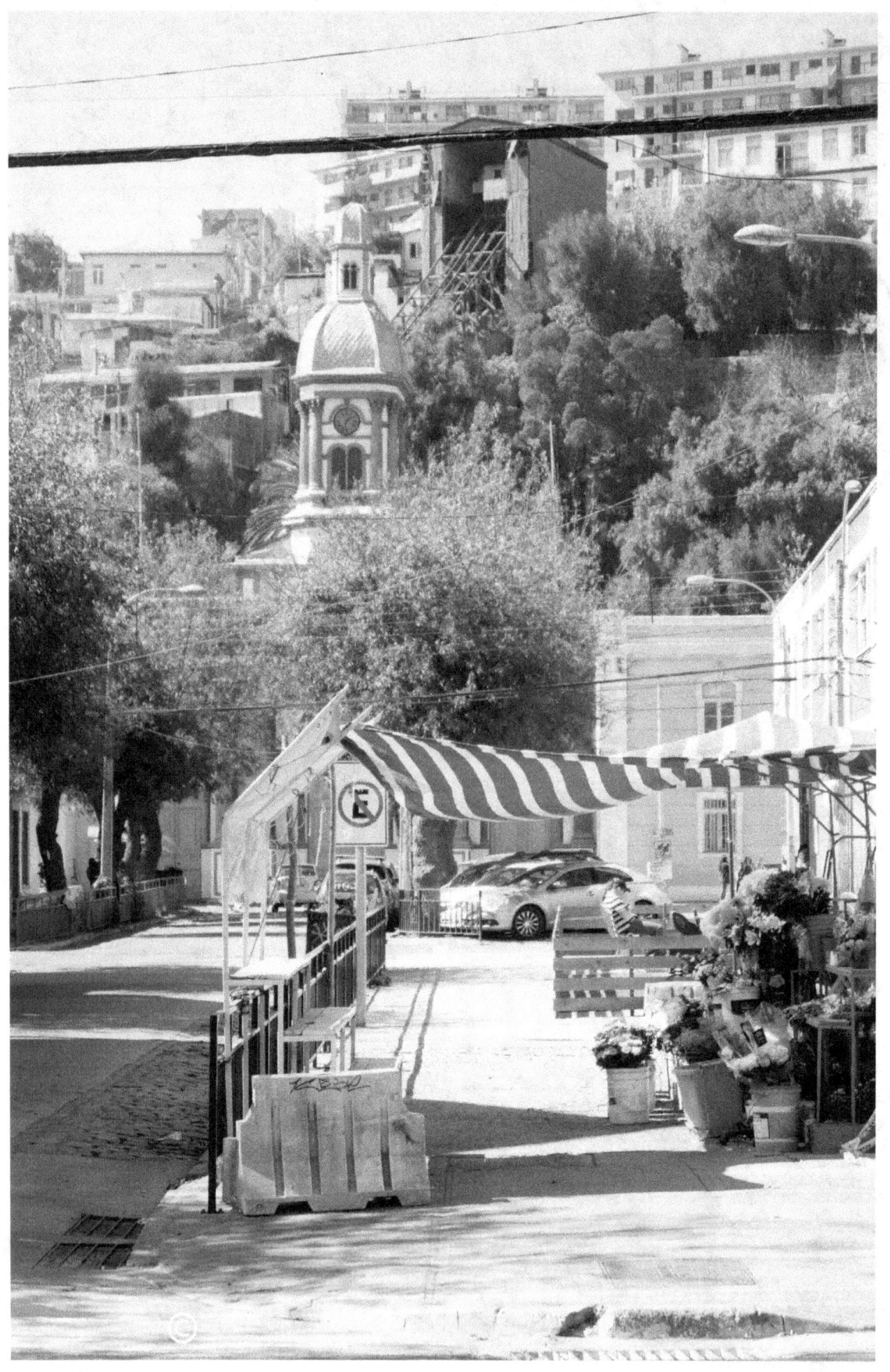

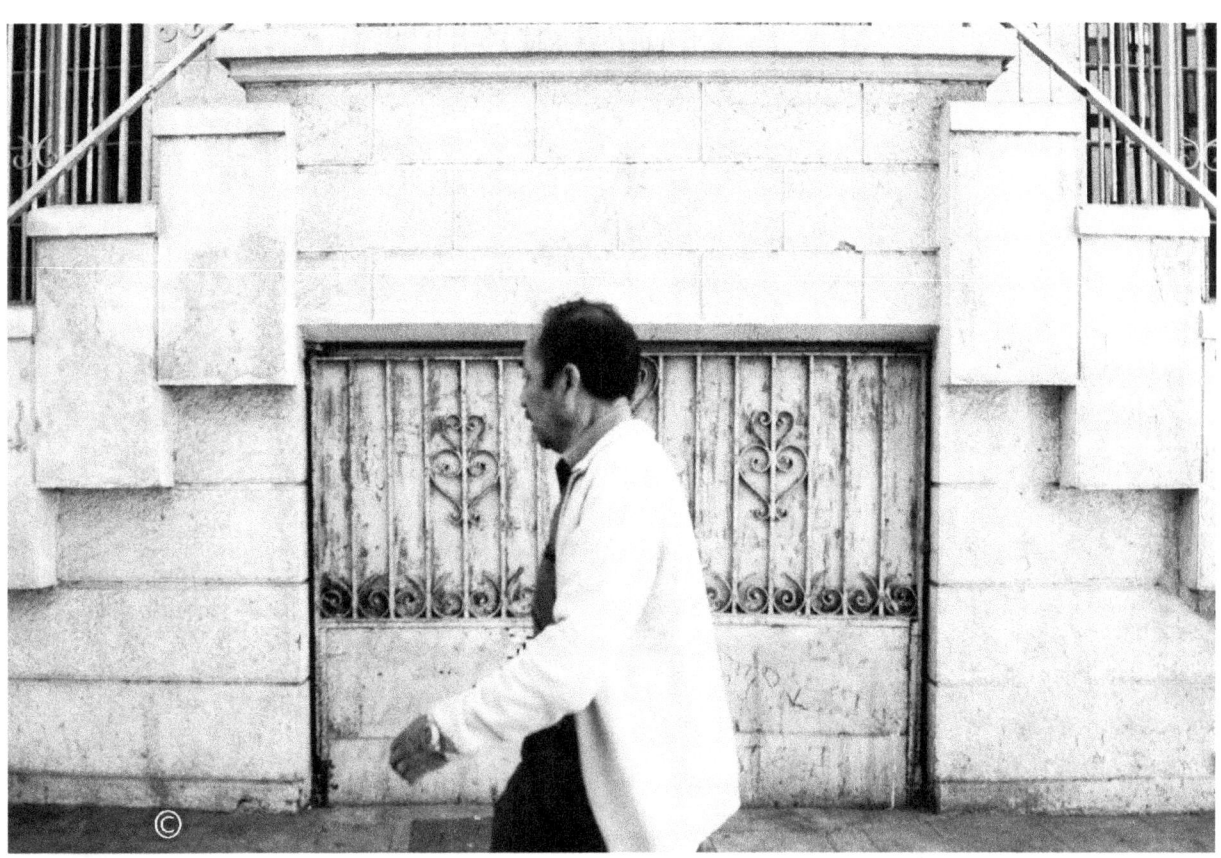

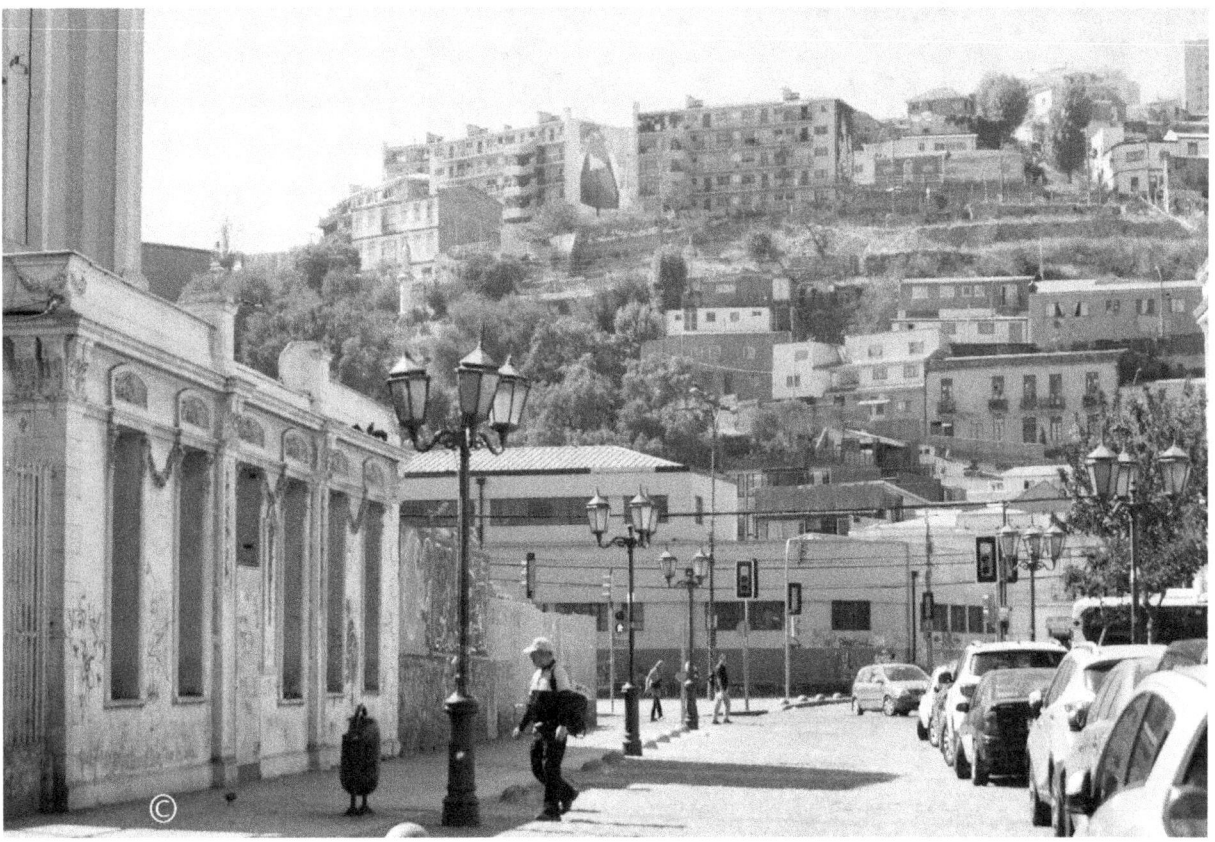

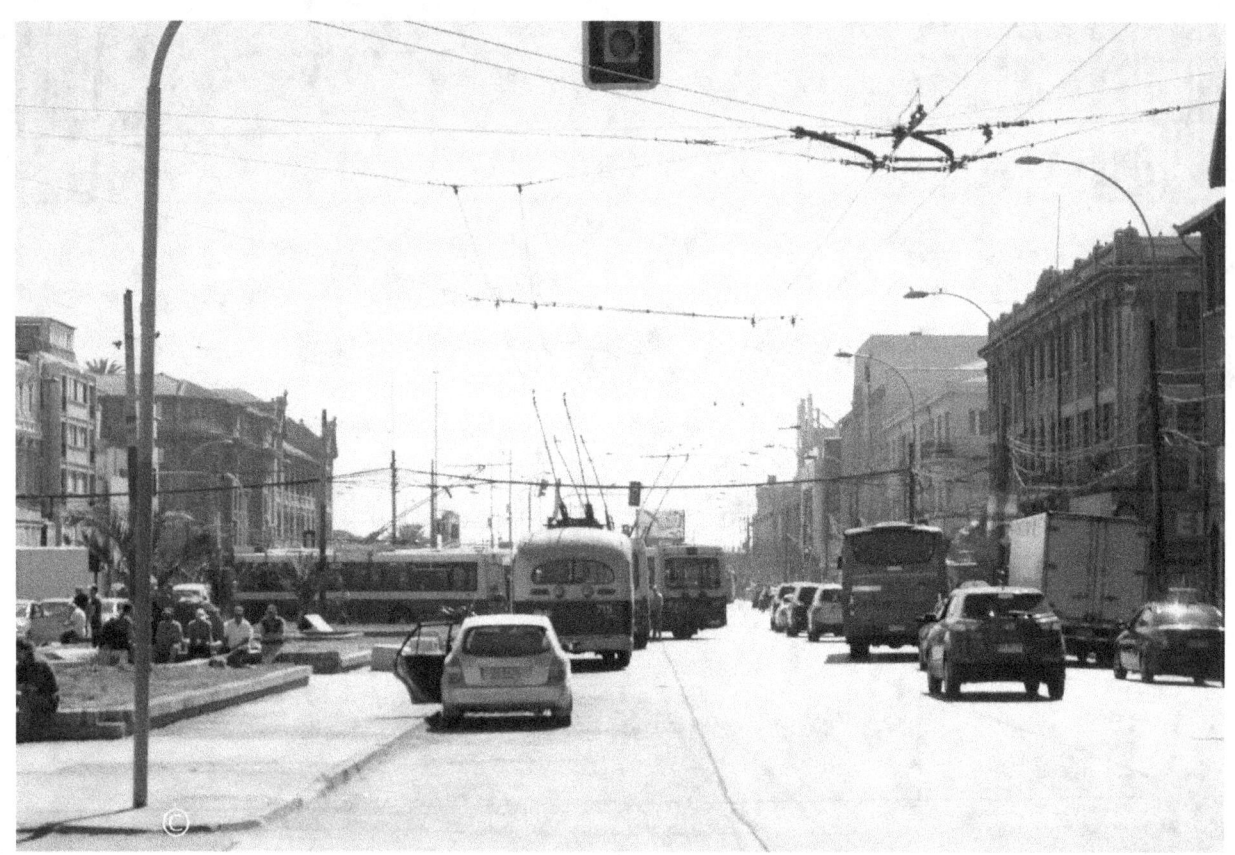

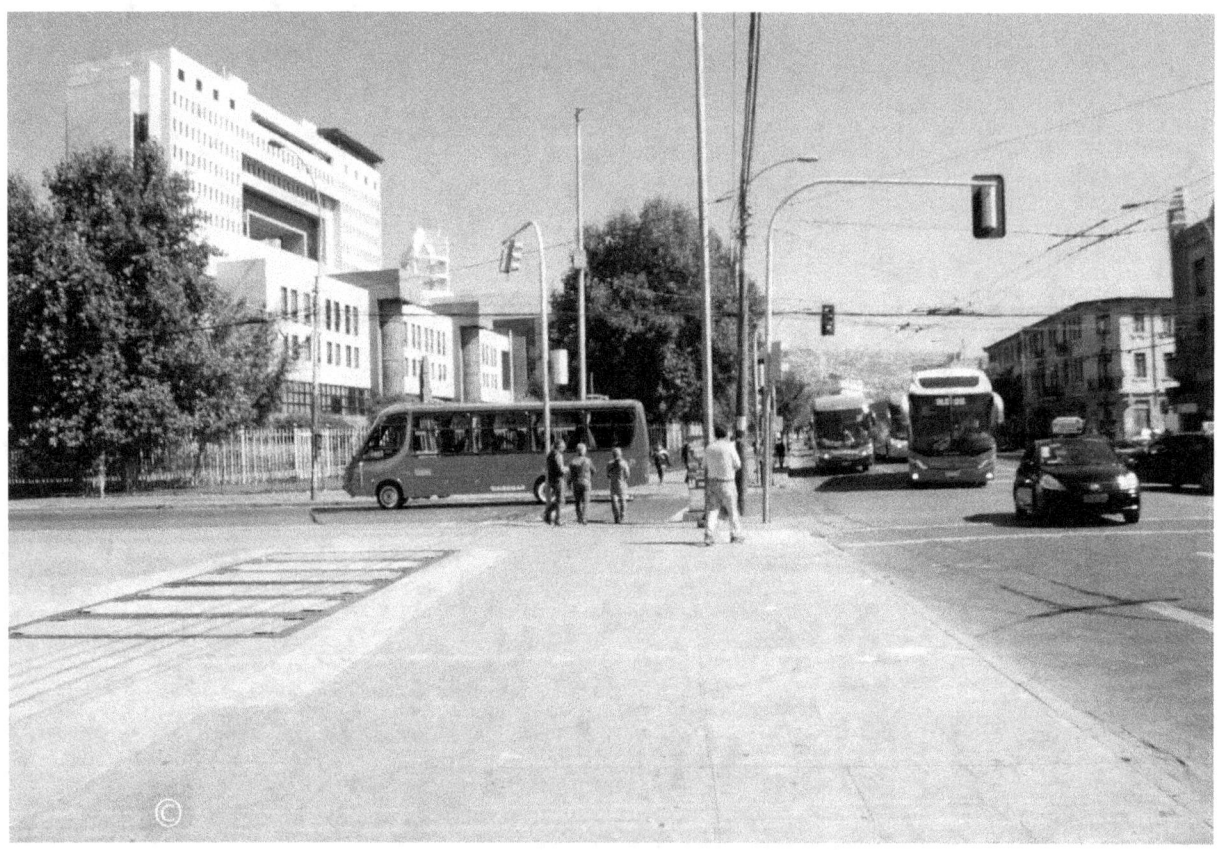

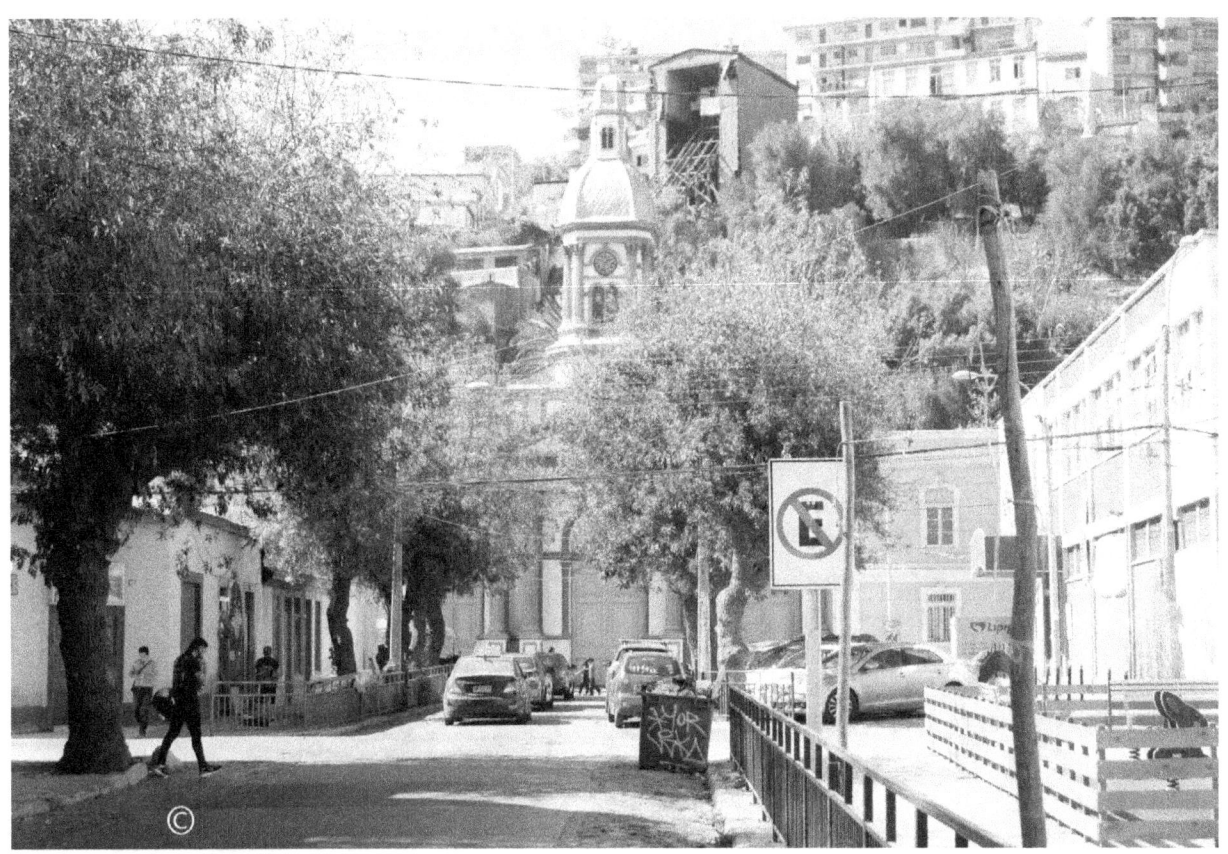

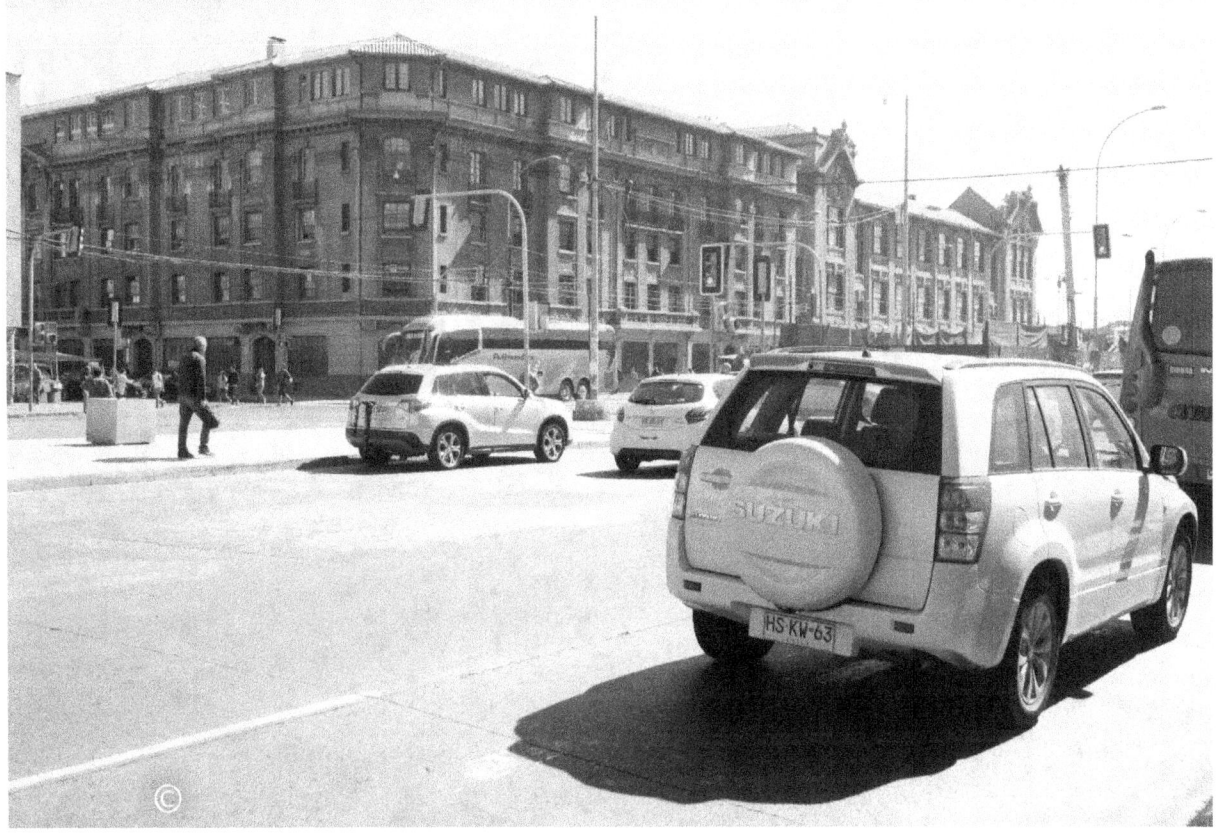

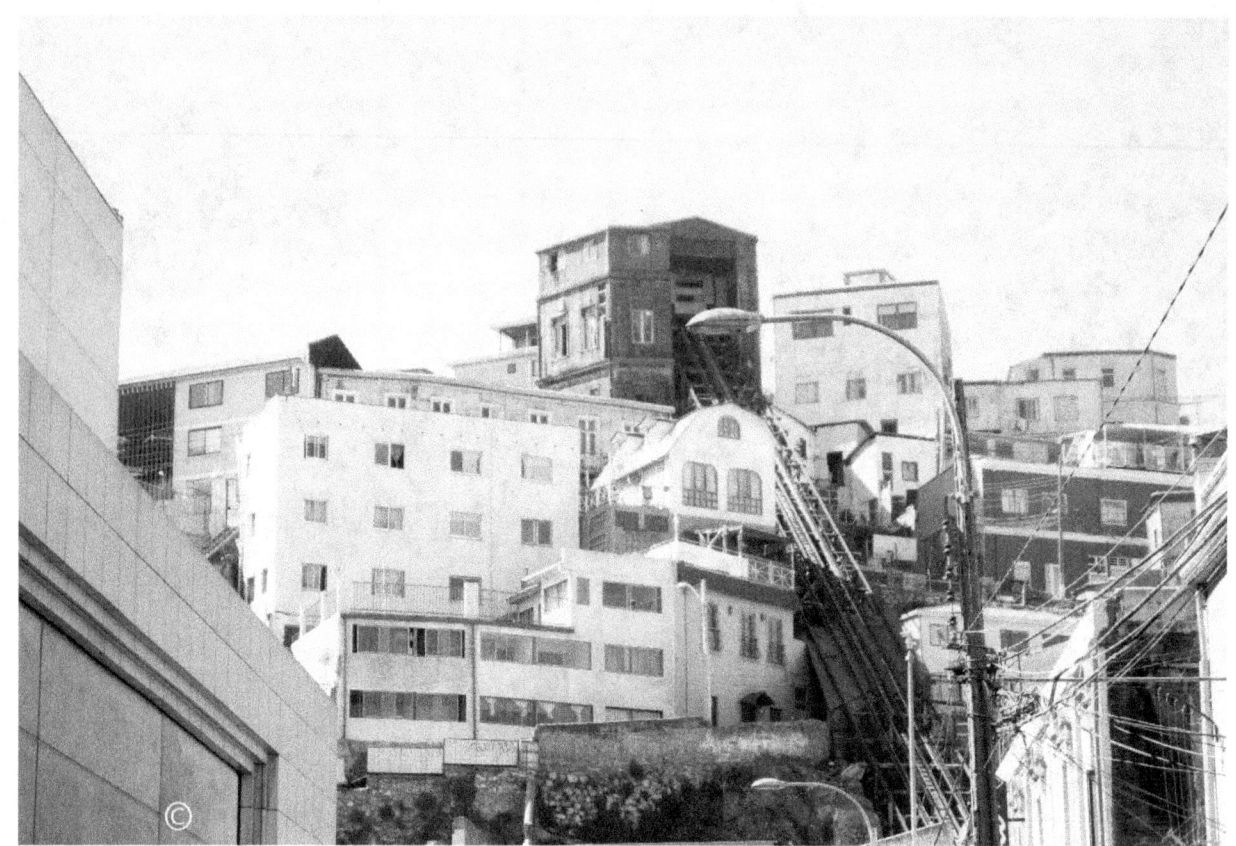

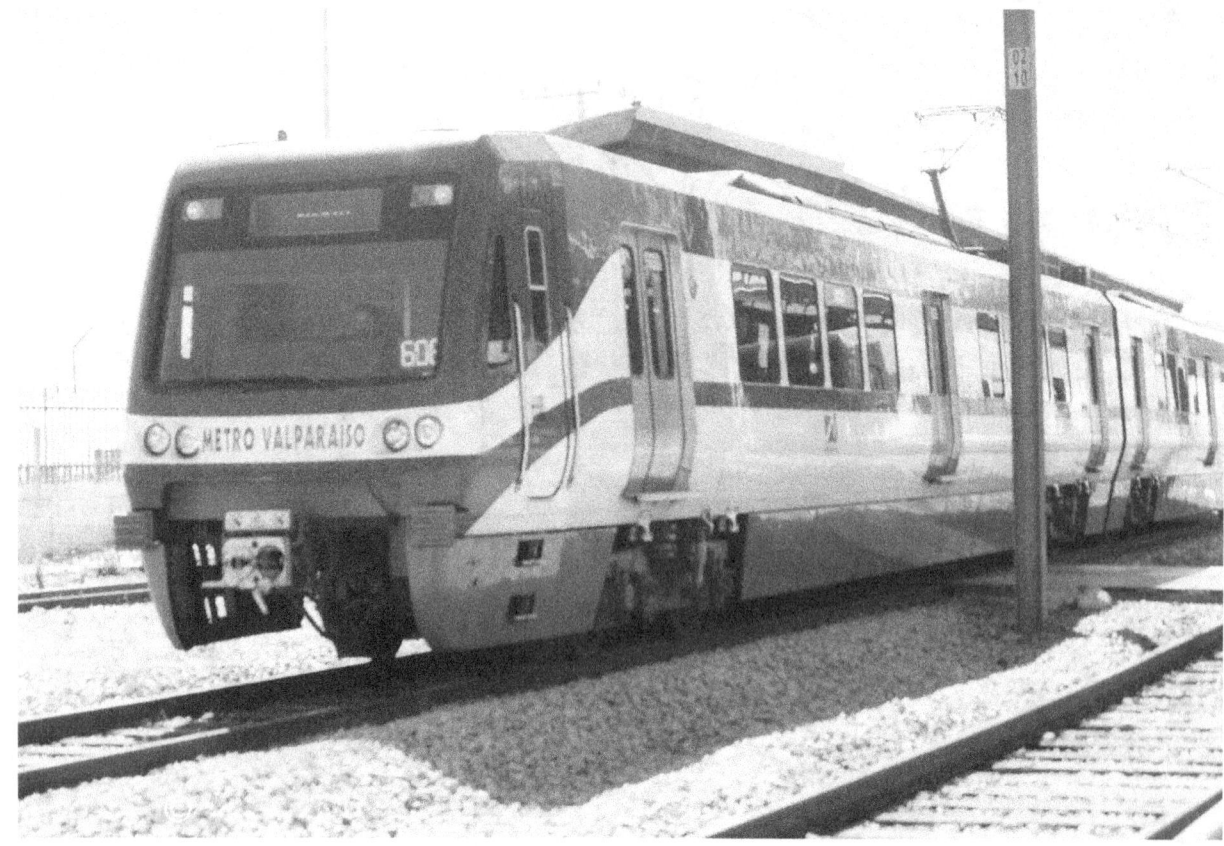

"El proceso fotográfico es una herramienta de profundo autoconocimiento y búsqueda de uno mismo".

"The photographic process is a tool of deep self-knowledge and self-search".

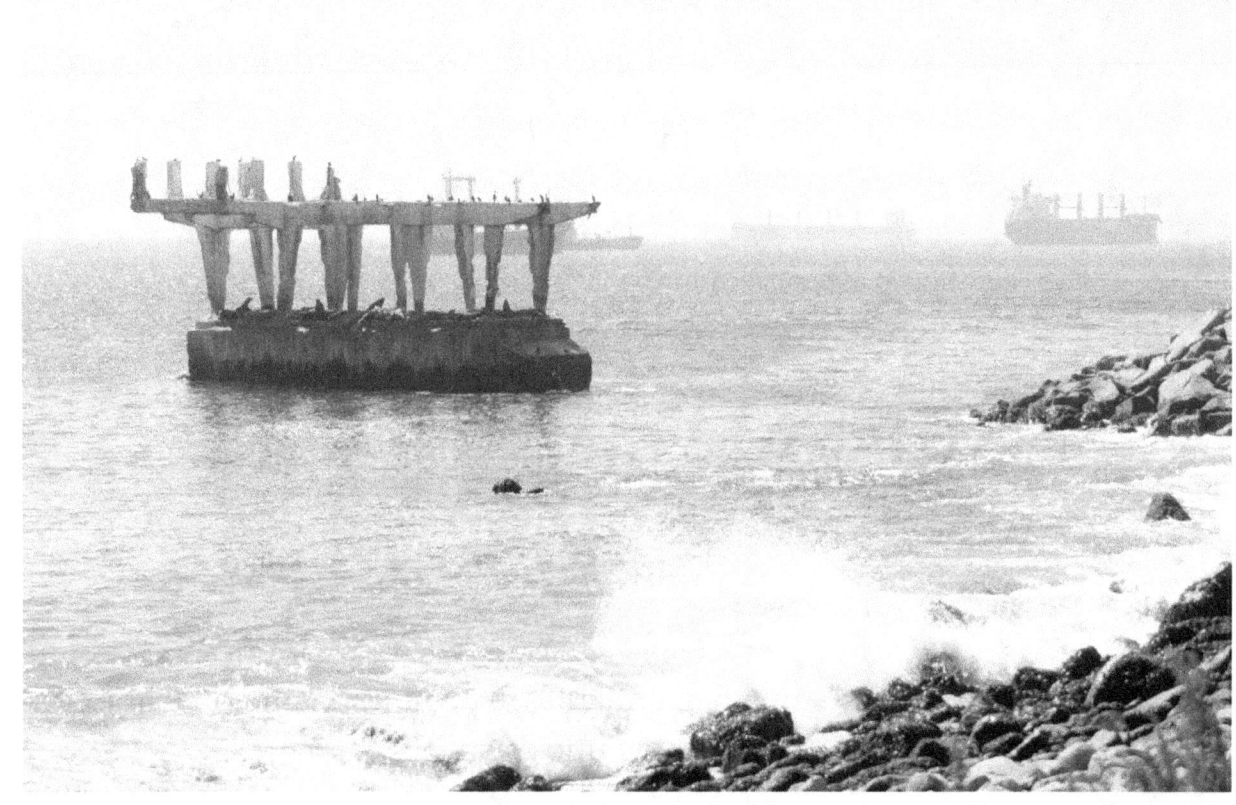

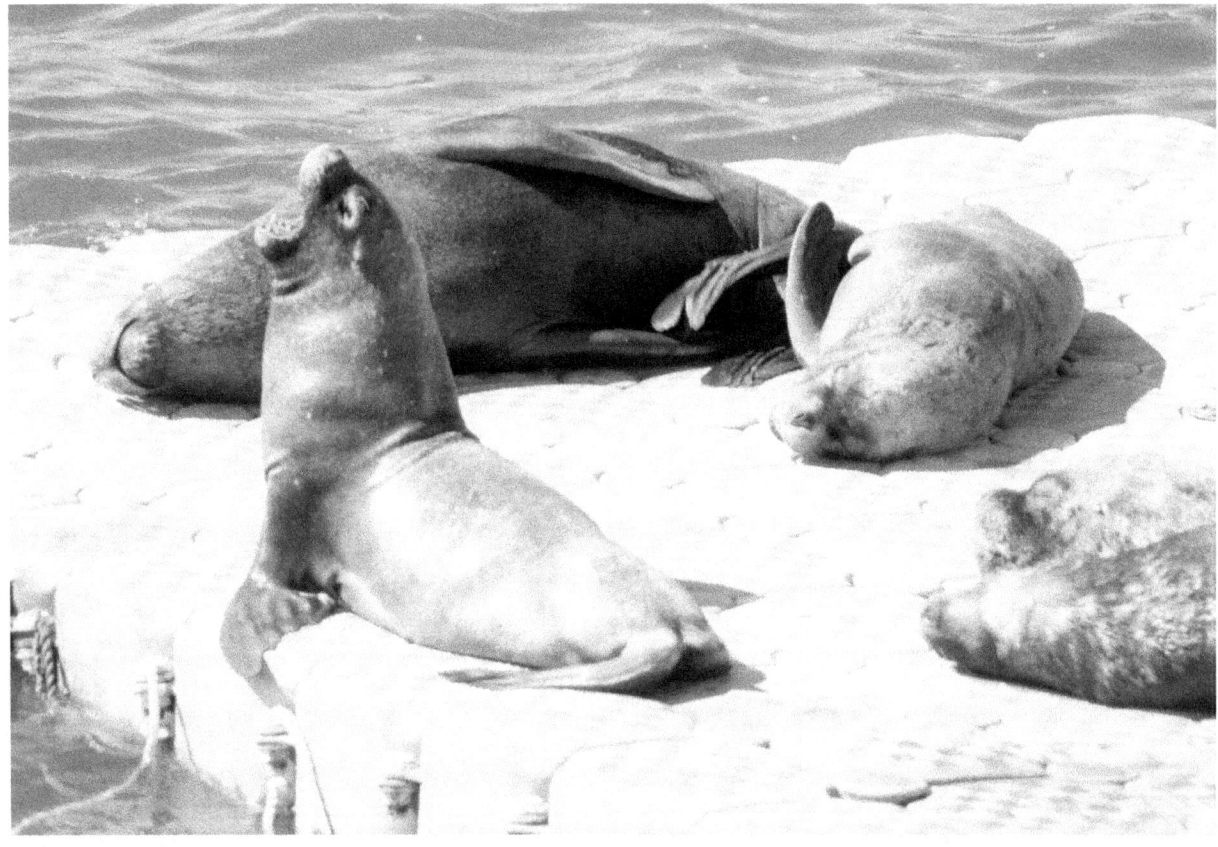

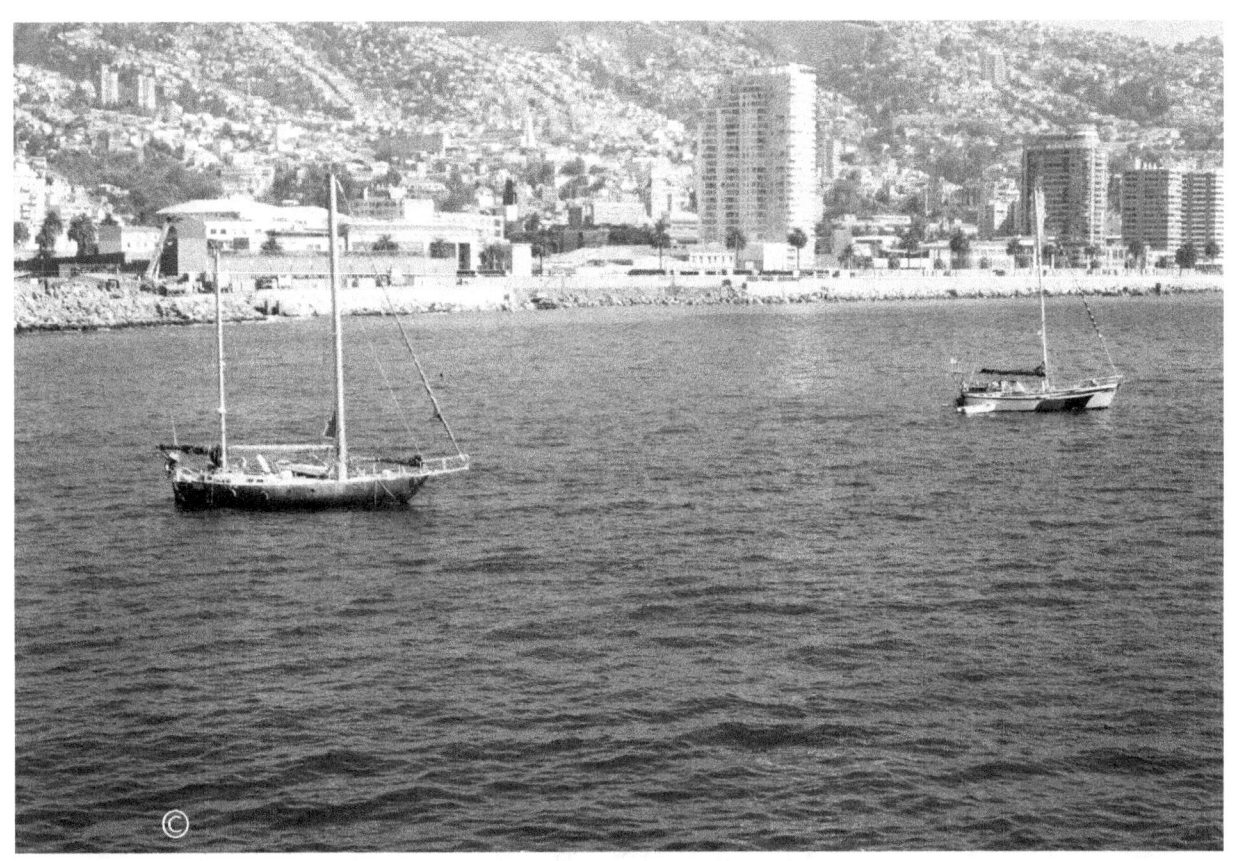

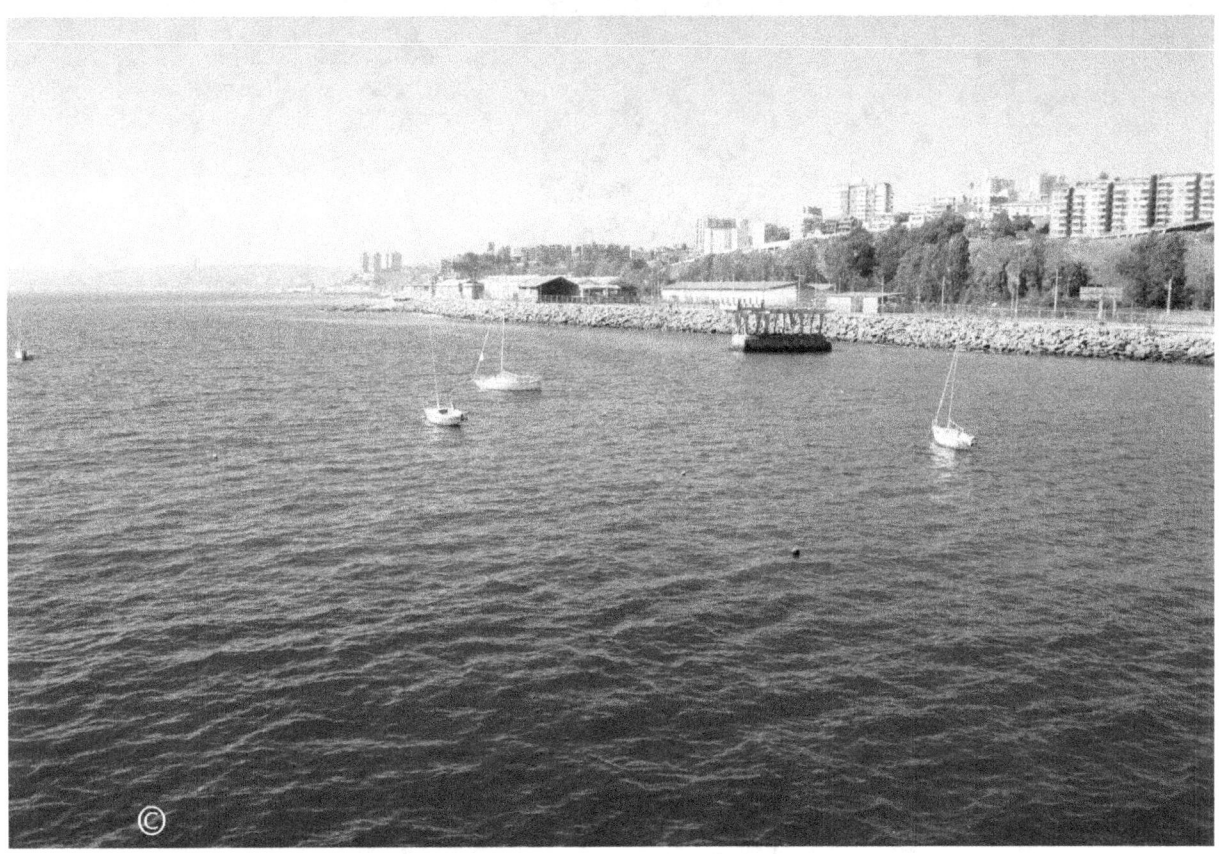

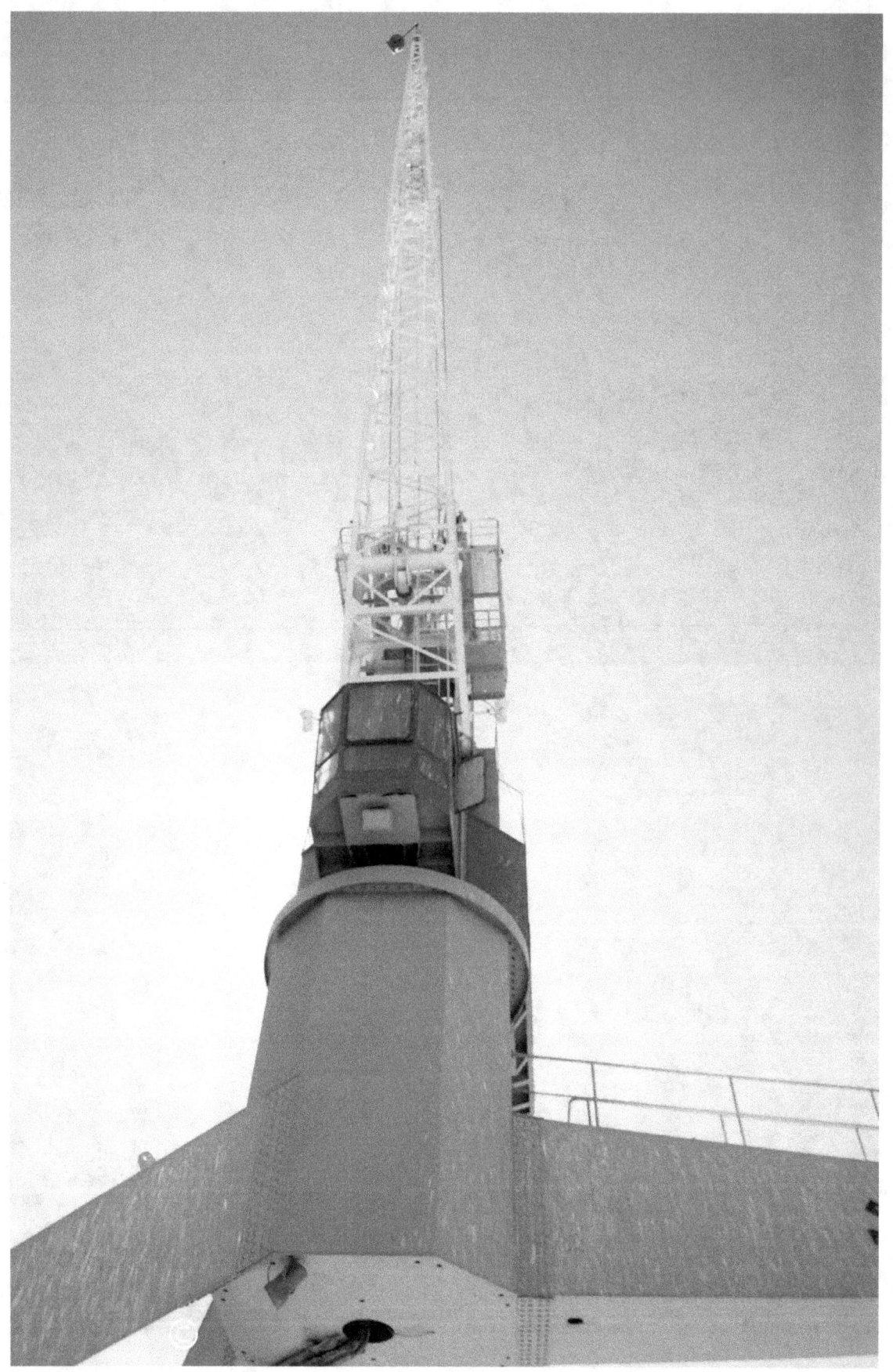

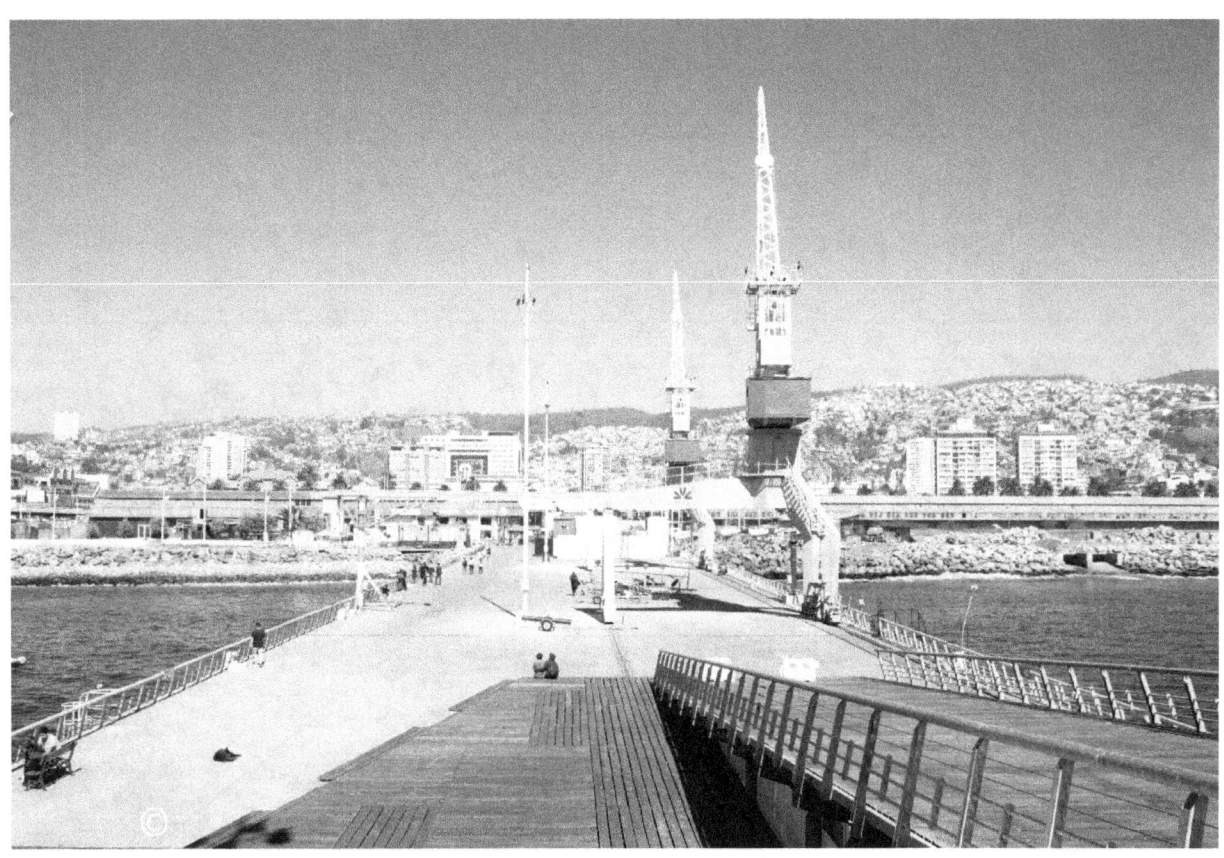

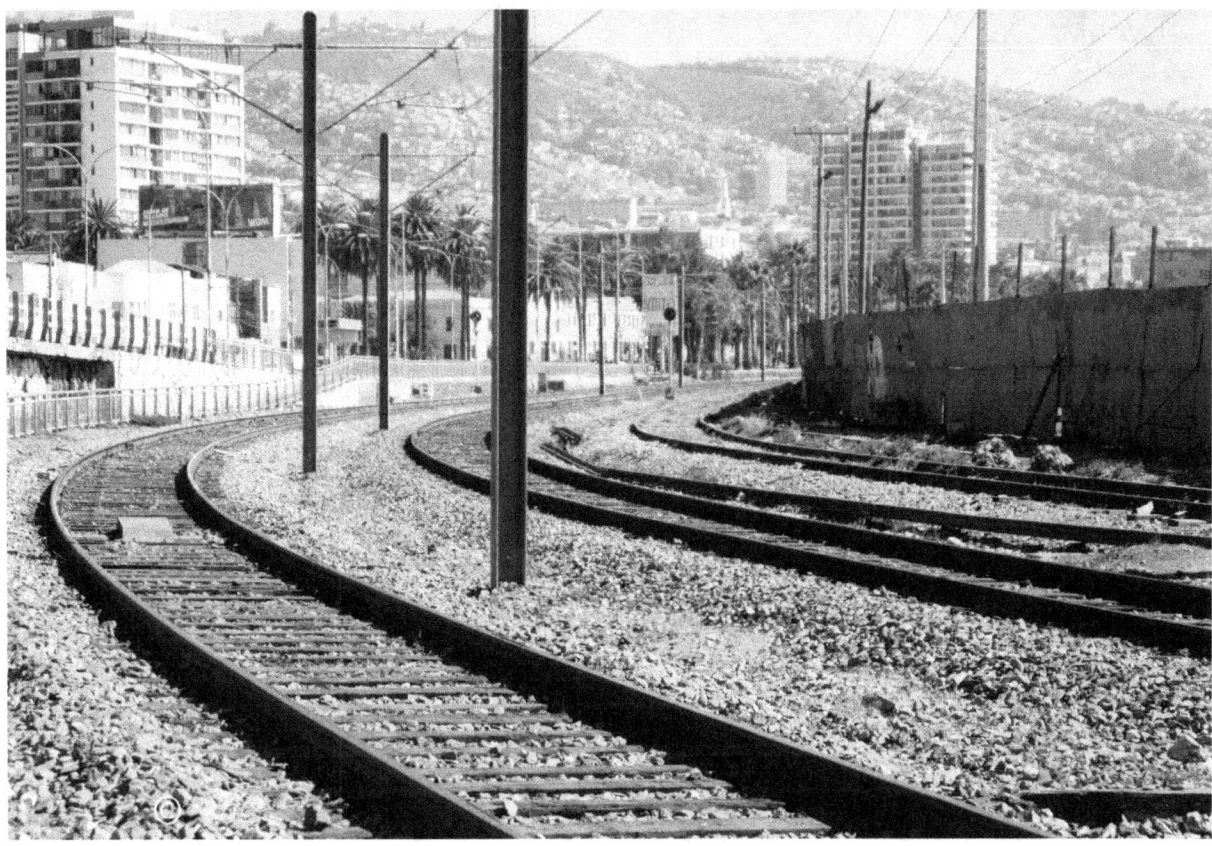

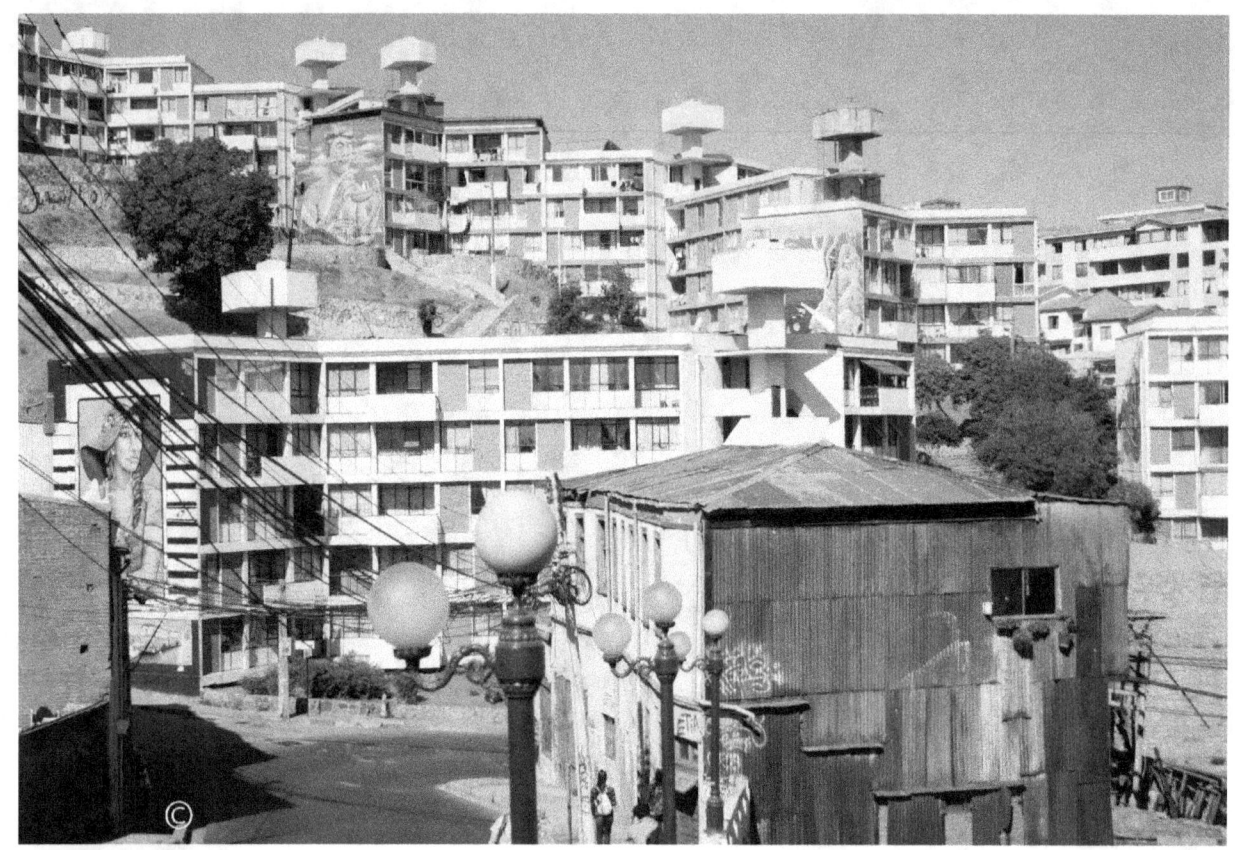

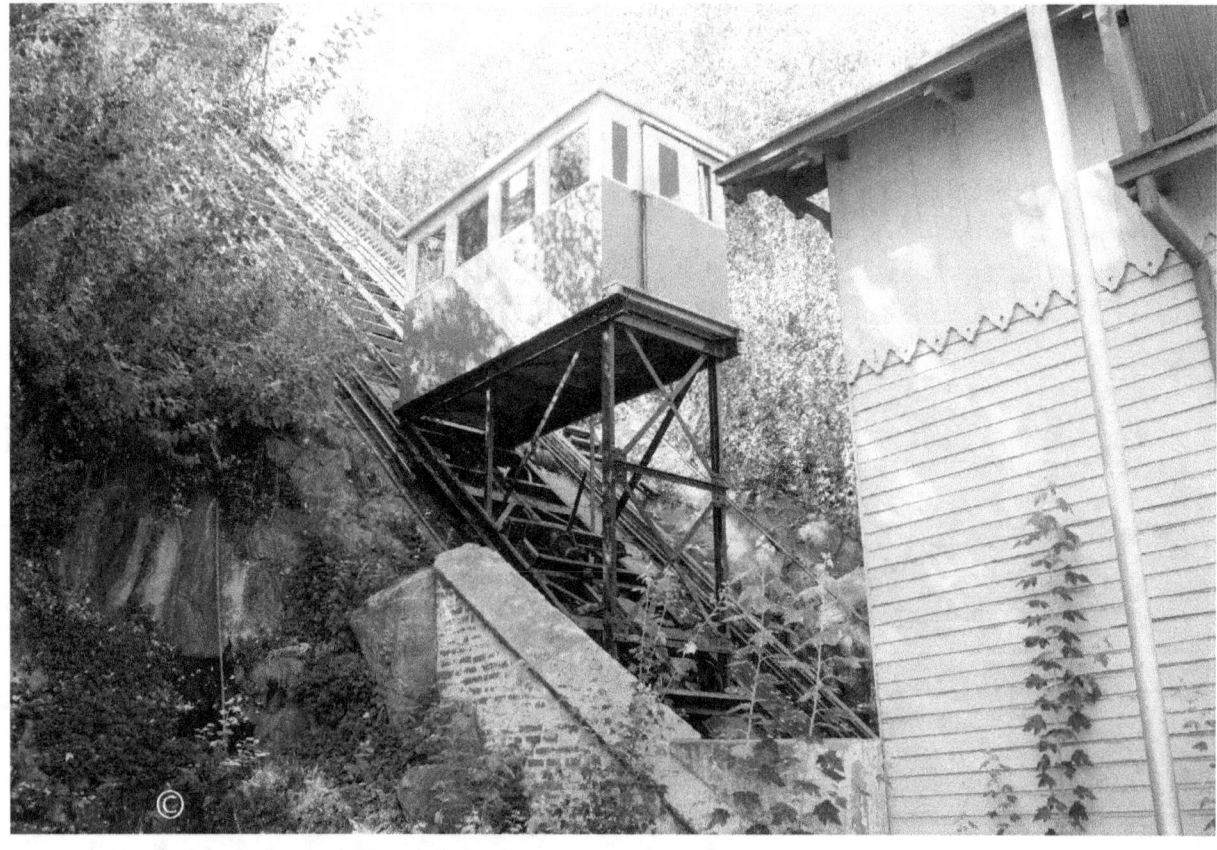

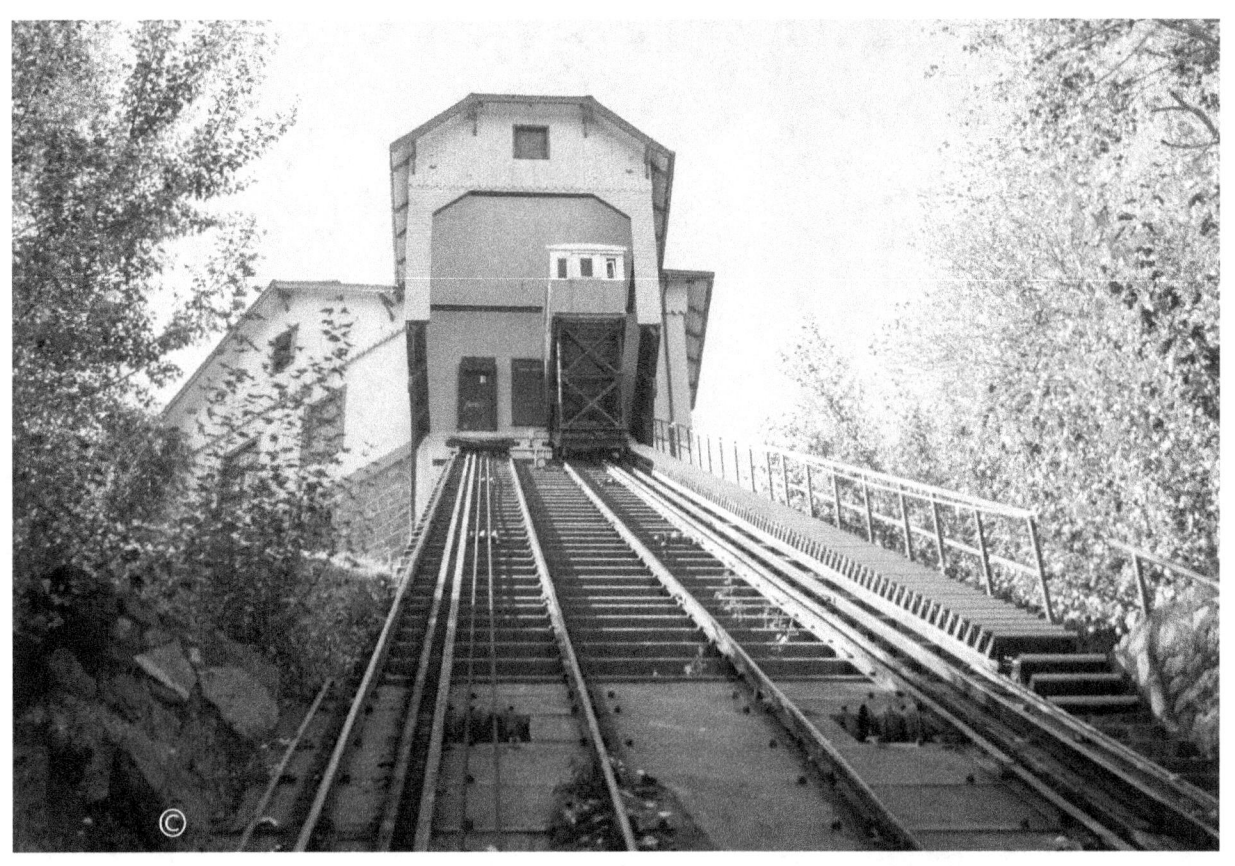

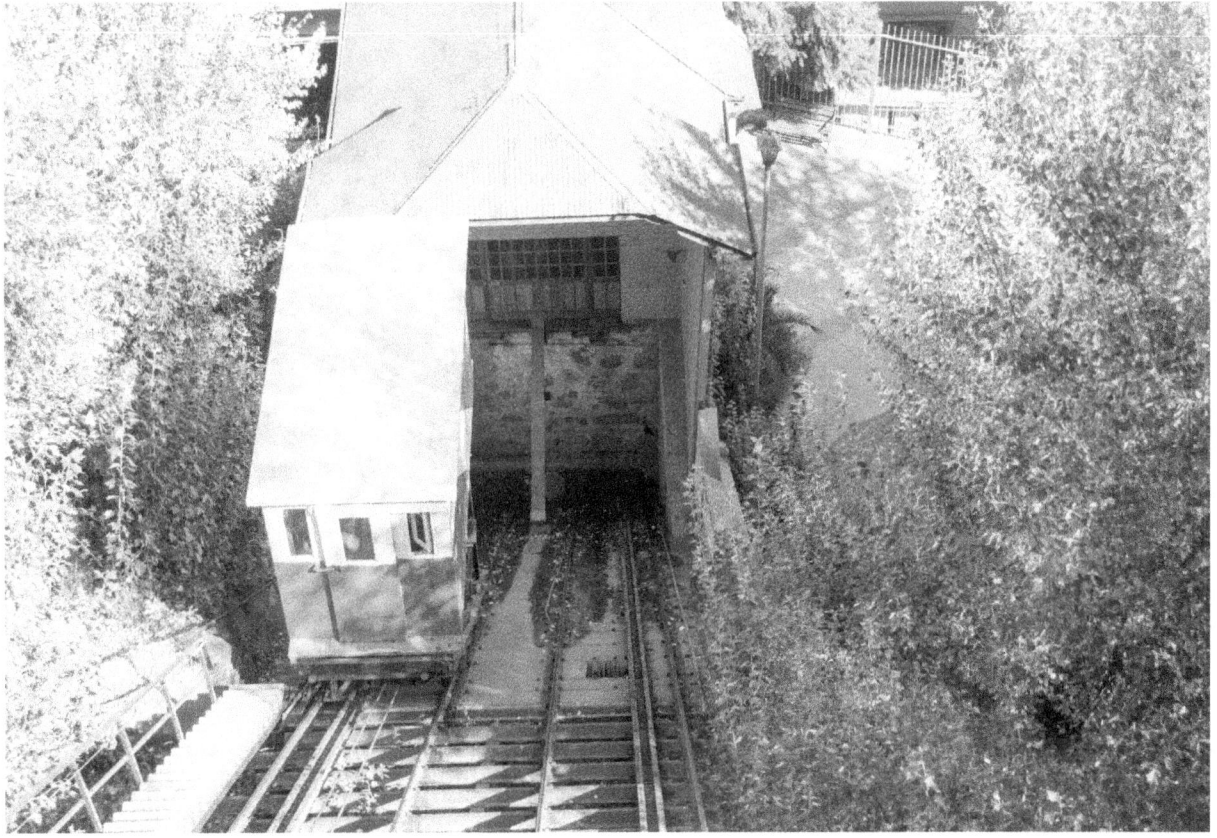

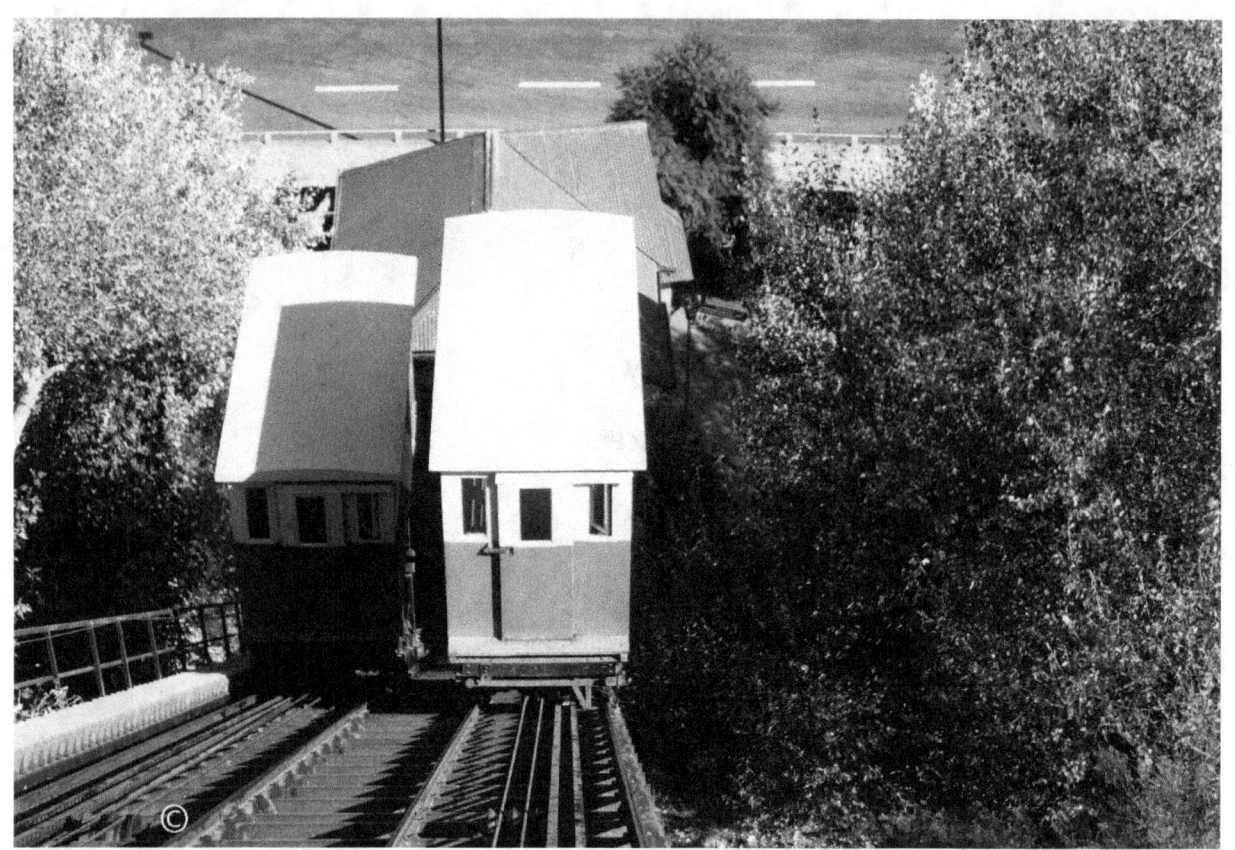

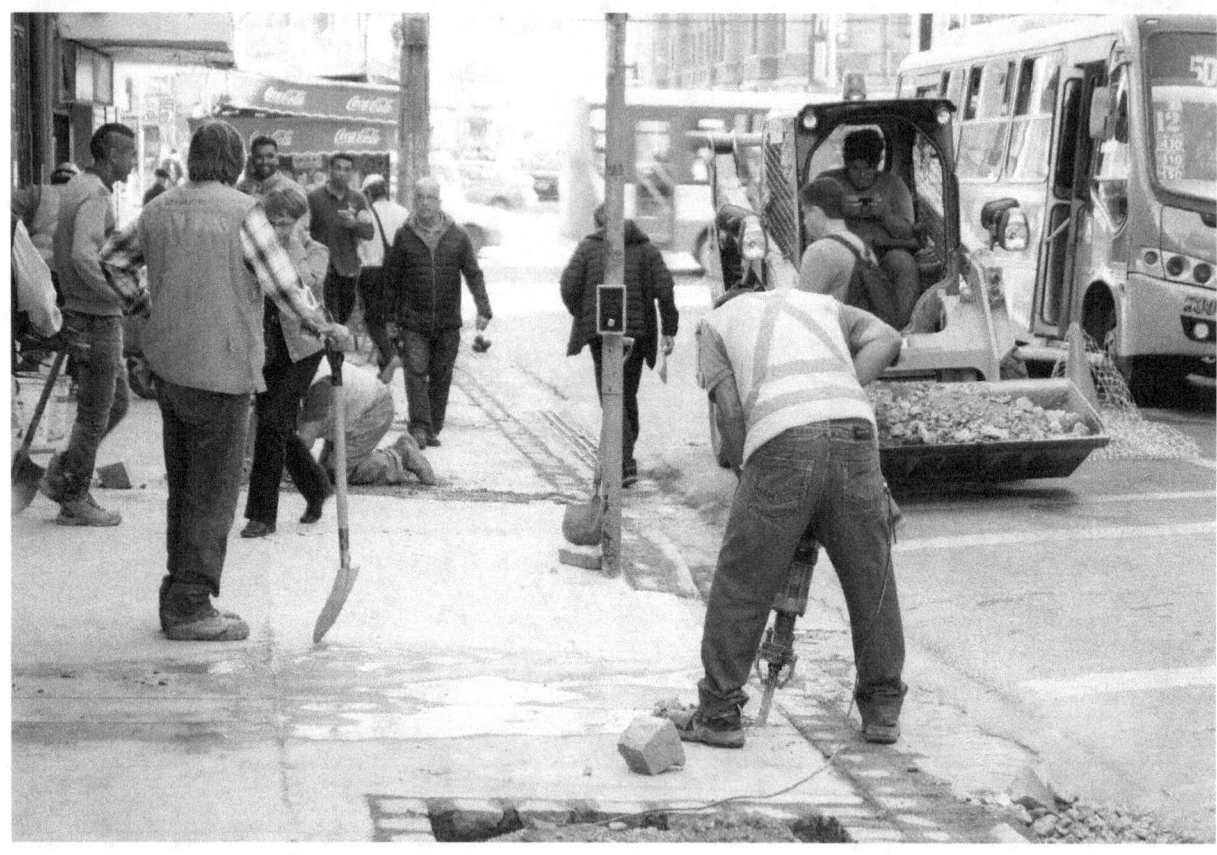

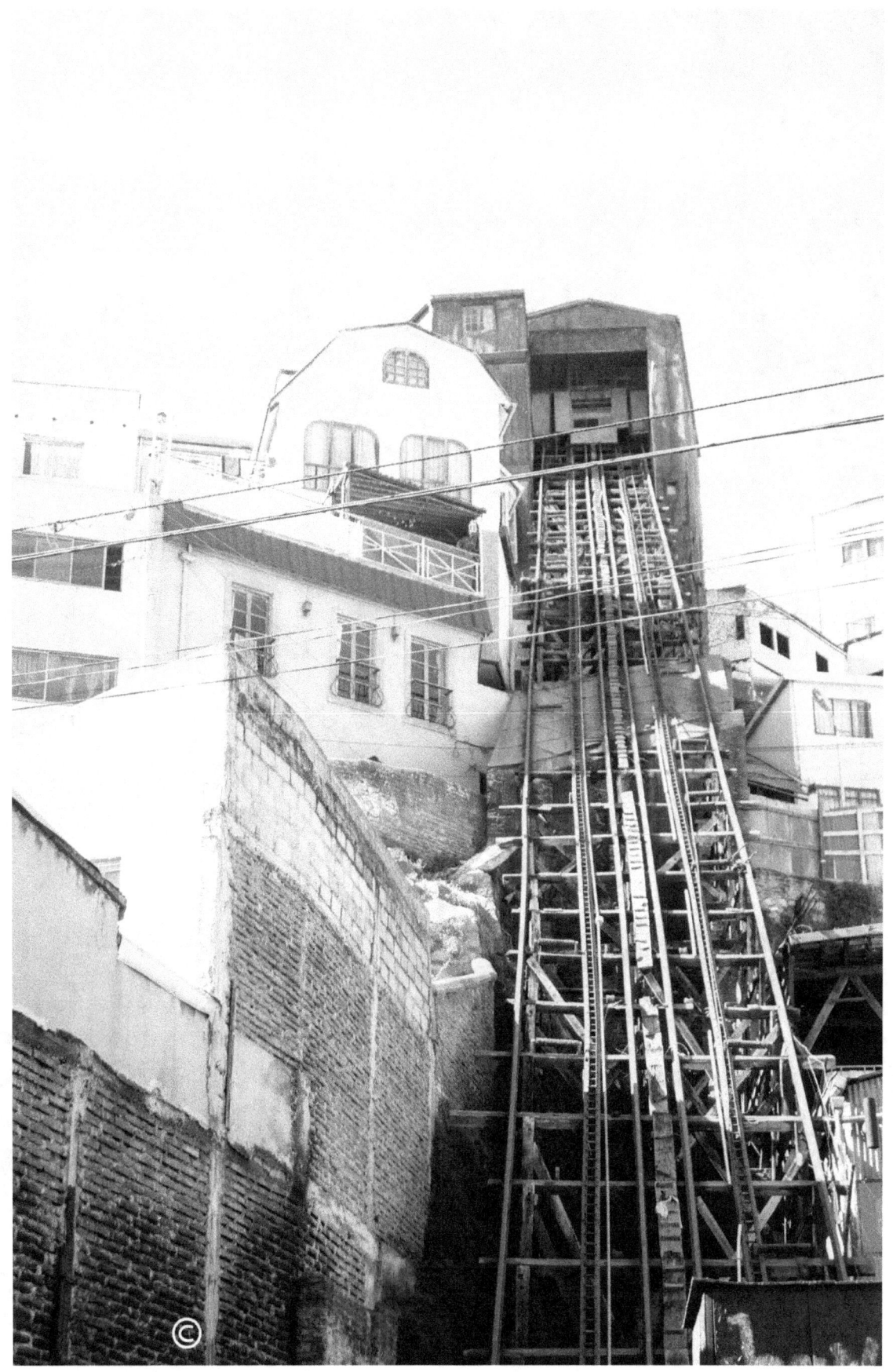

Region of Valparaiso, the jewel of pacific the sailor say

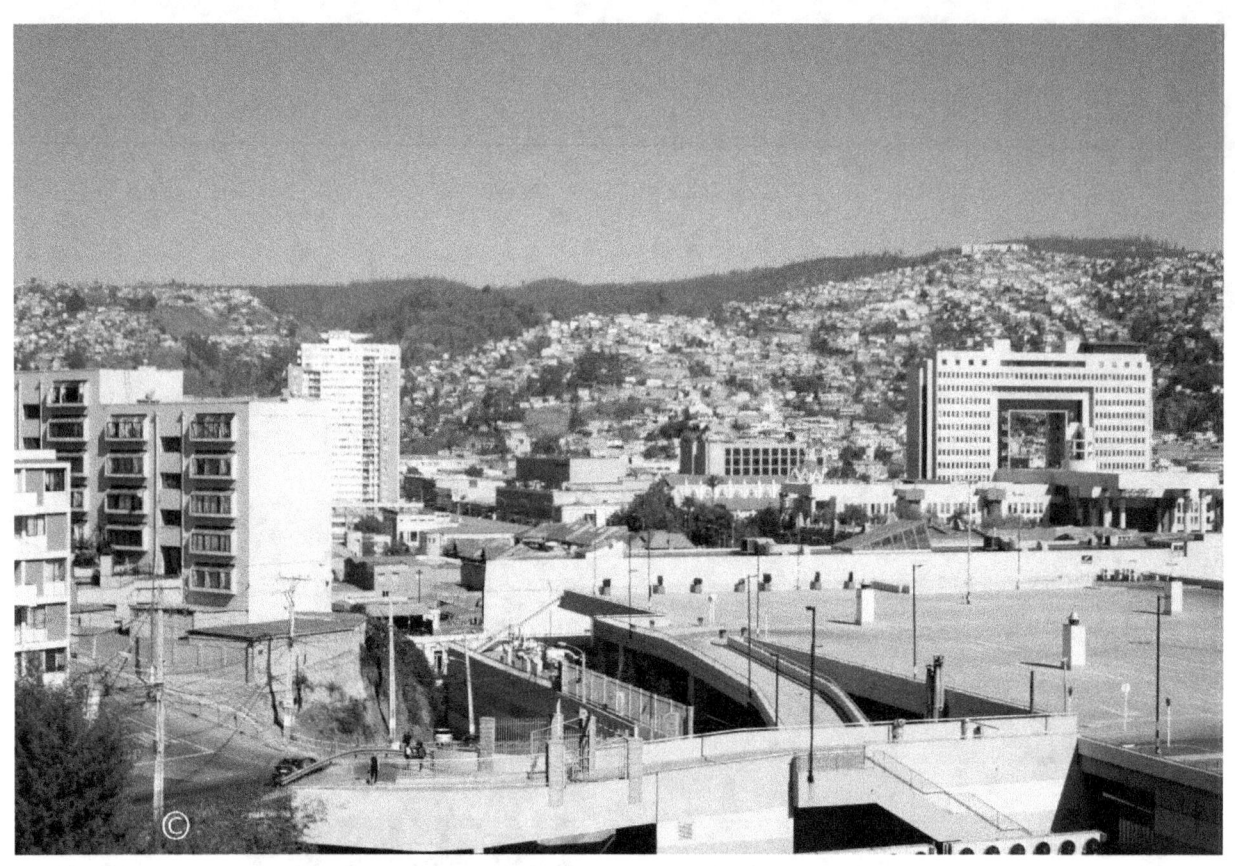

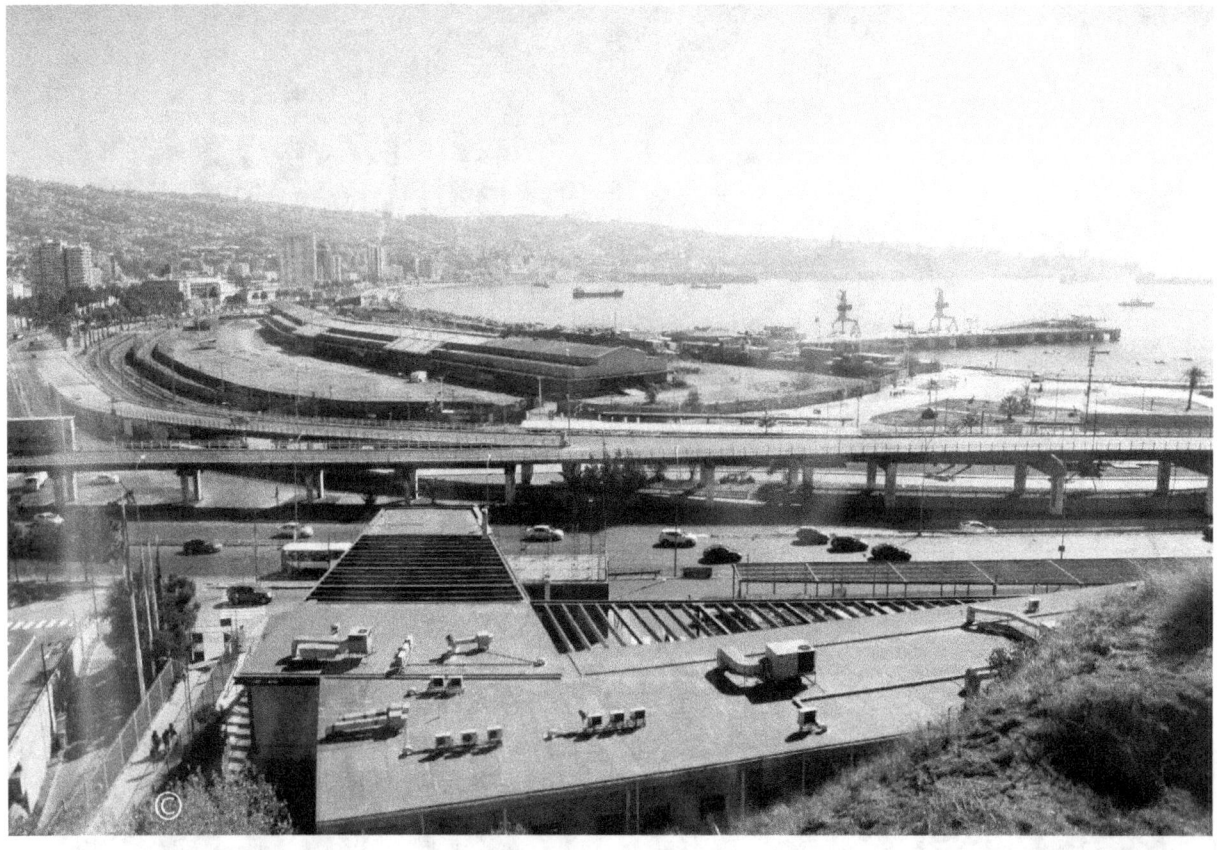

"Personalmente considero a la fotografía desde dos puntos de vista, el primero, como hija de la pintura y la segunda como el arte de re-encontrarme a mí mismo".

"Personally I consider photography from two points of view, the first, as a daughter of painting and the second as the art of re-finding myself."

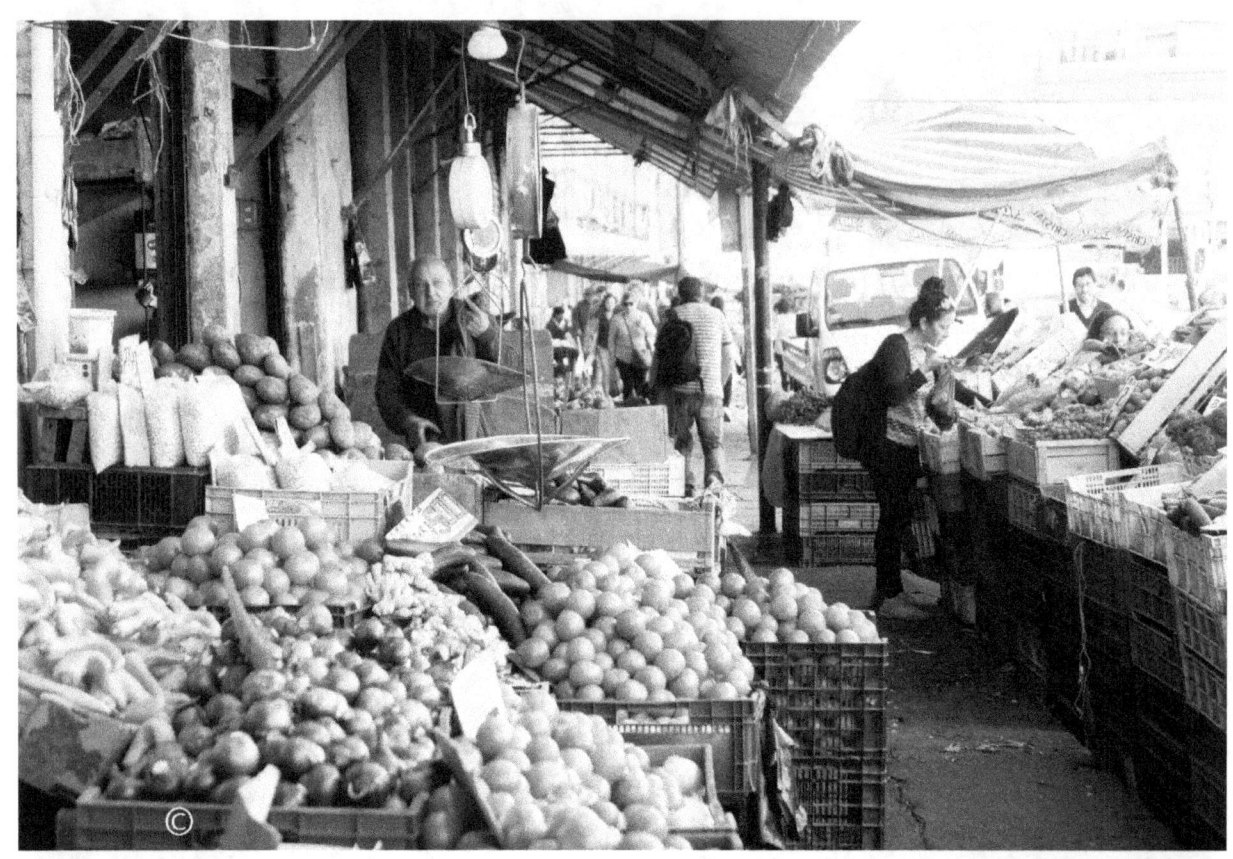

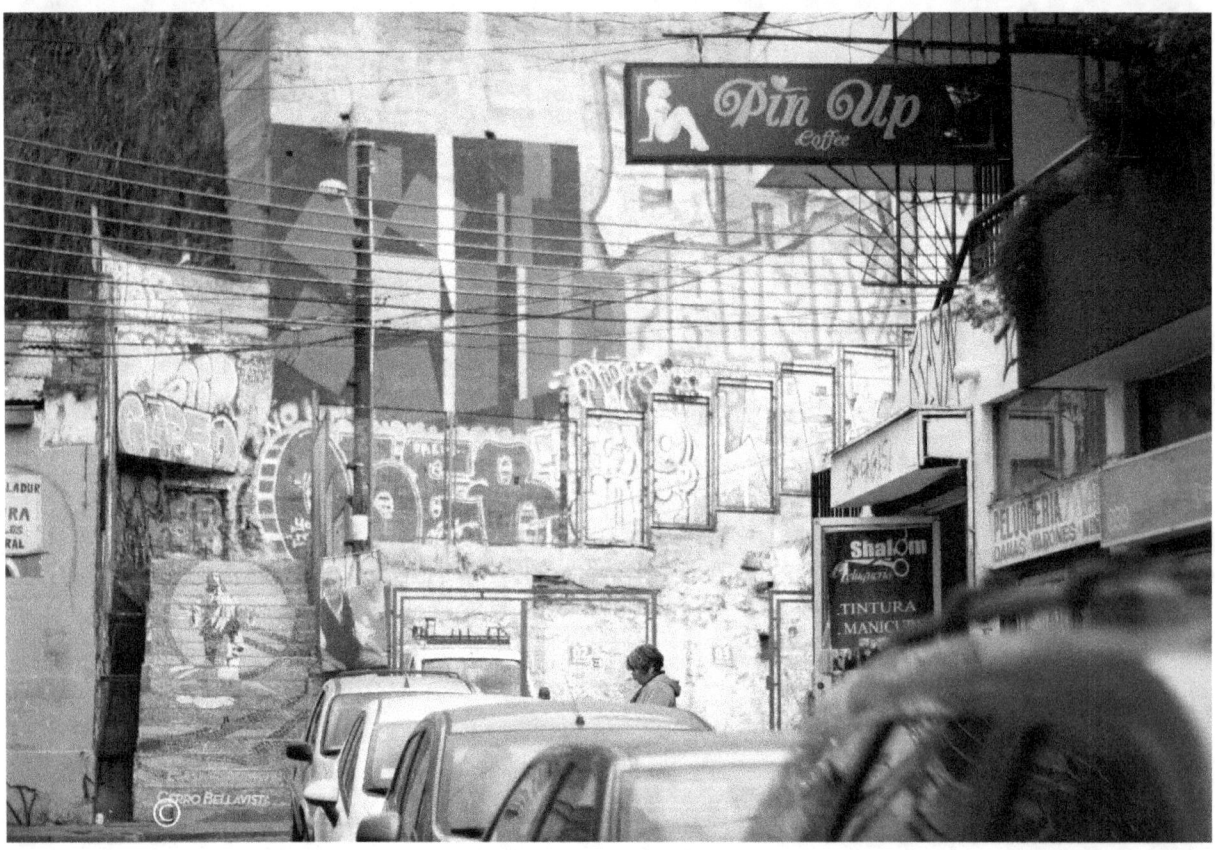

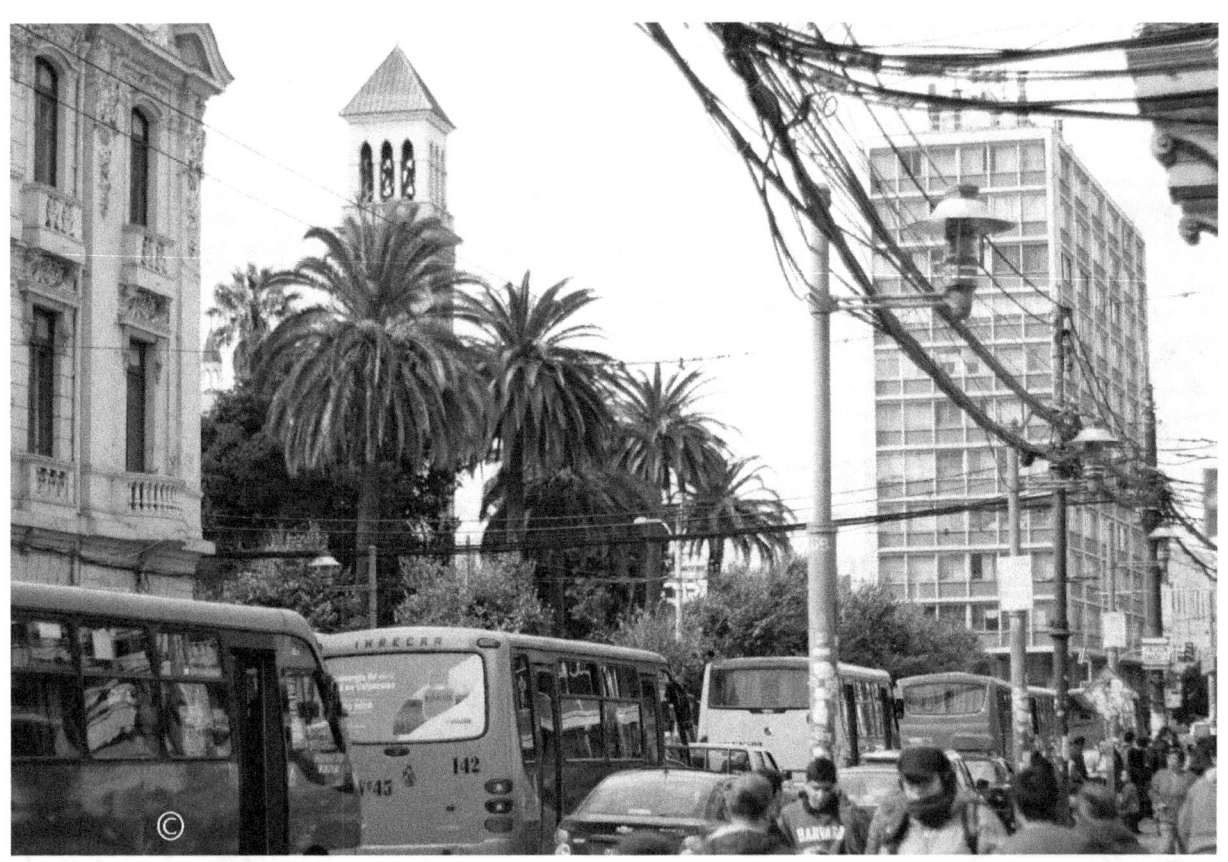

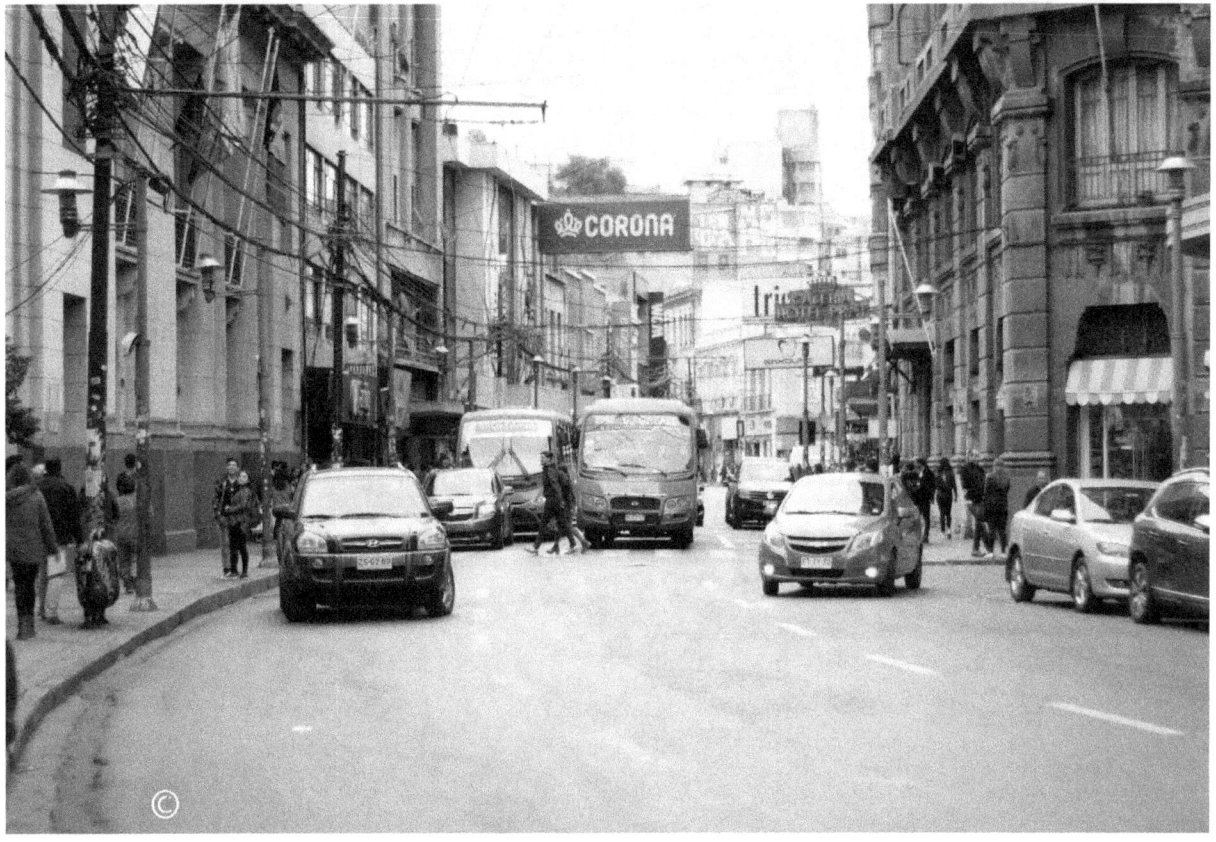

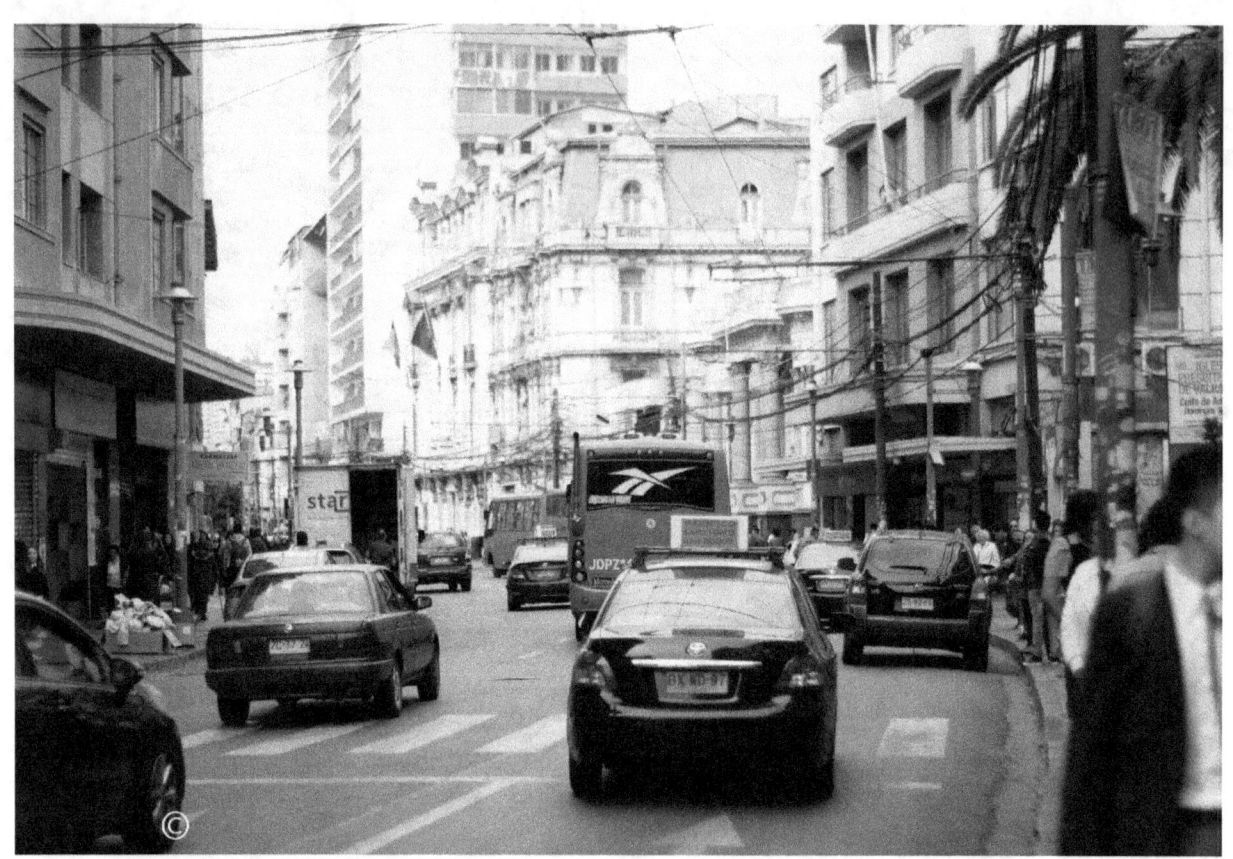

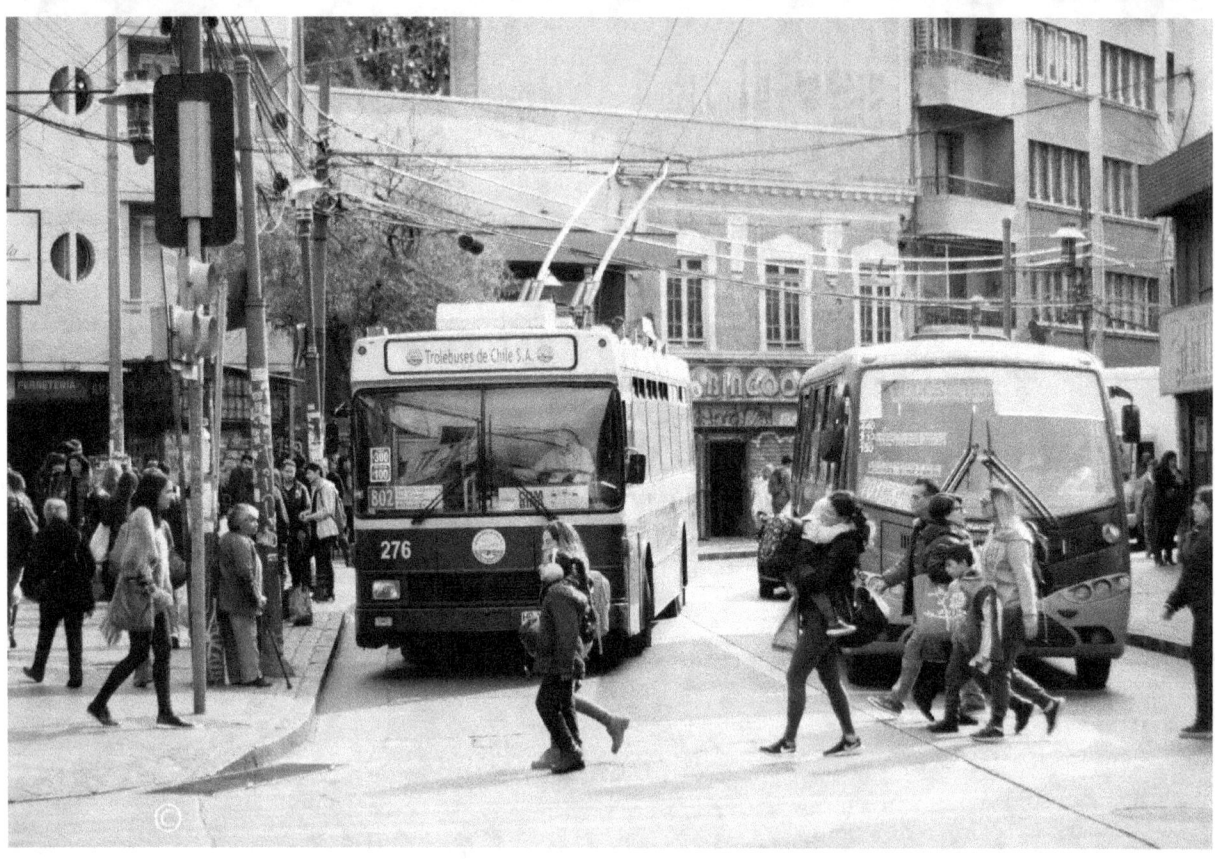

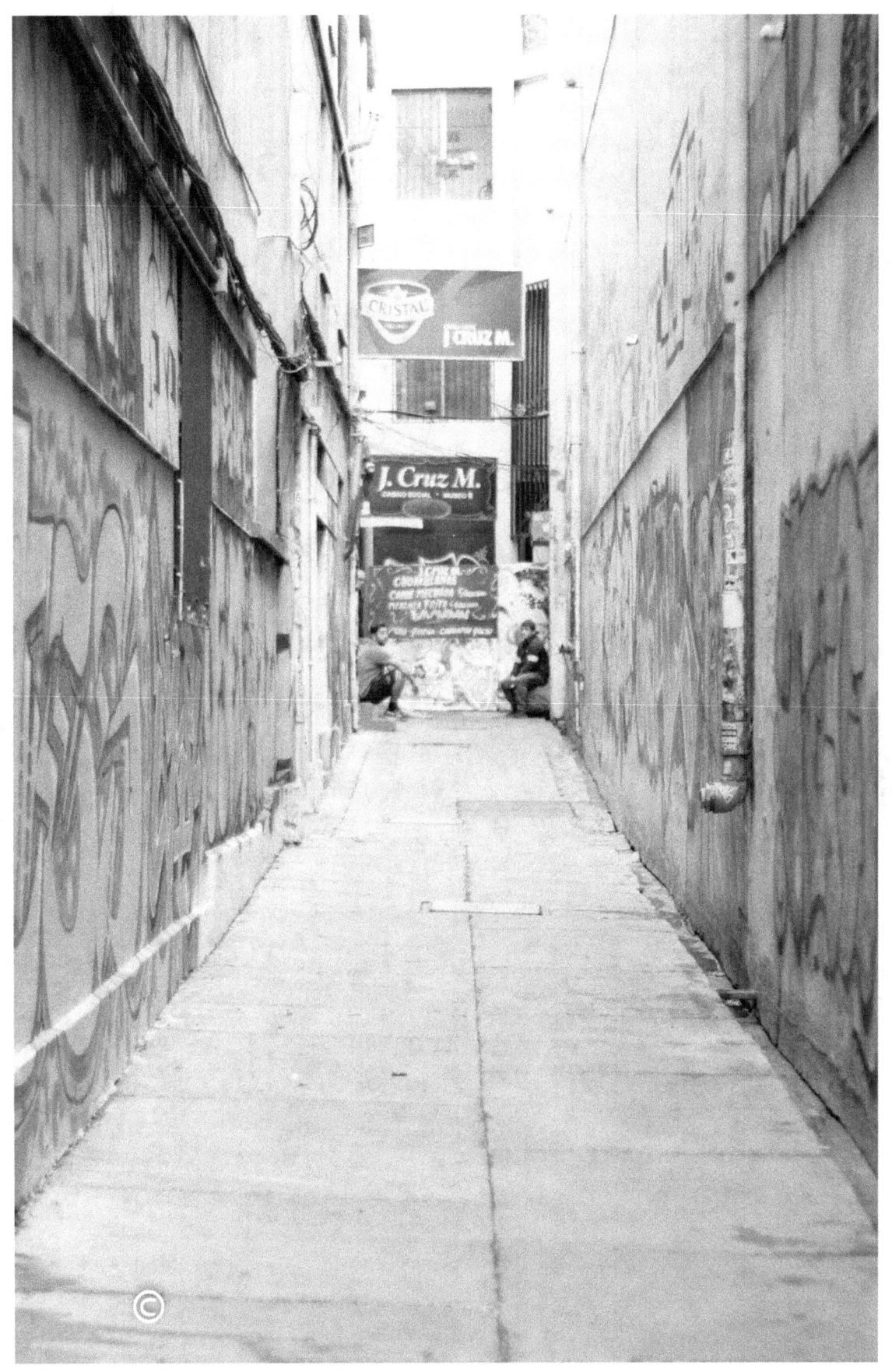

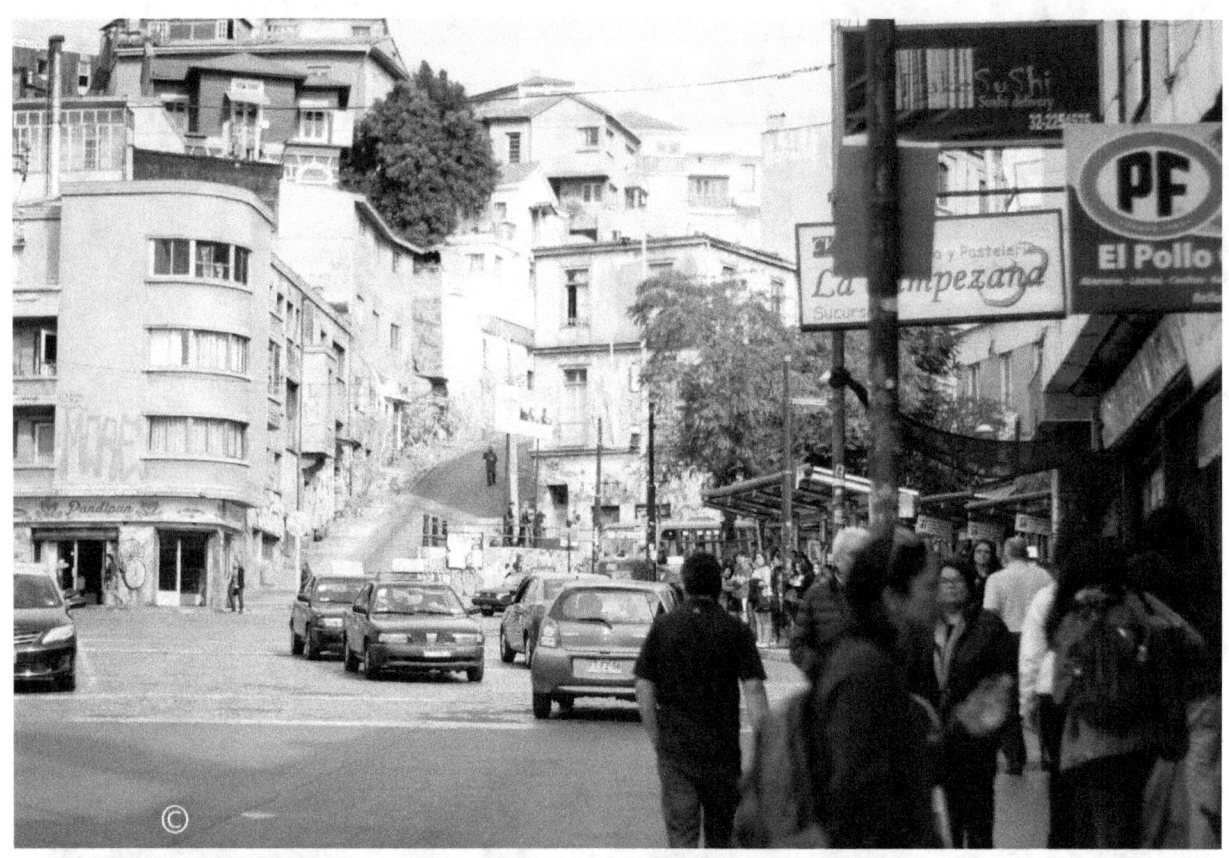

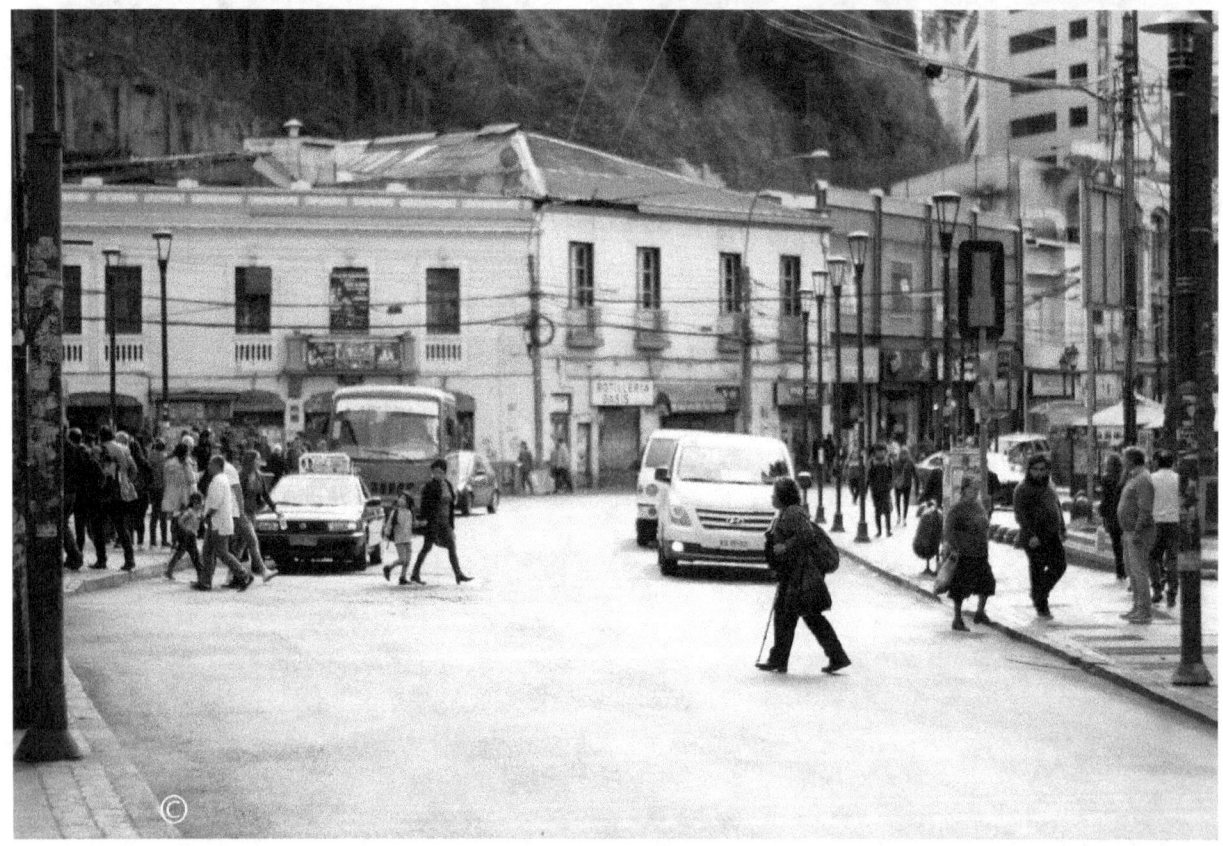

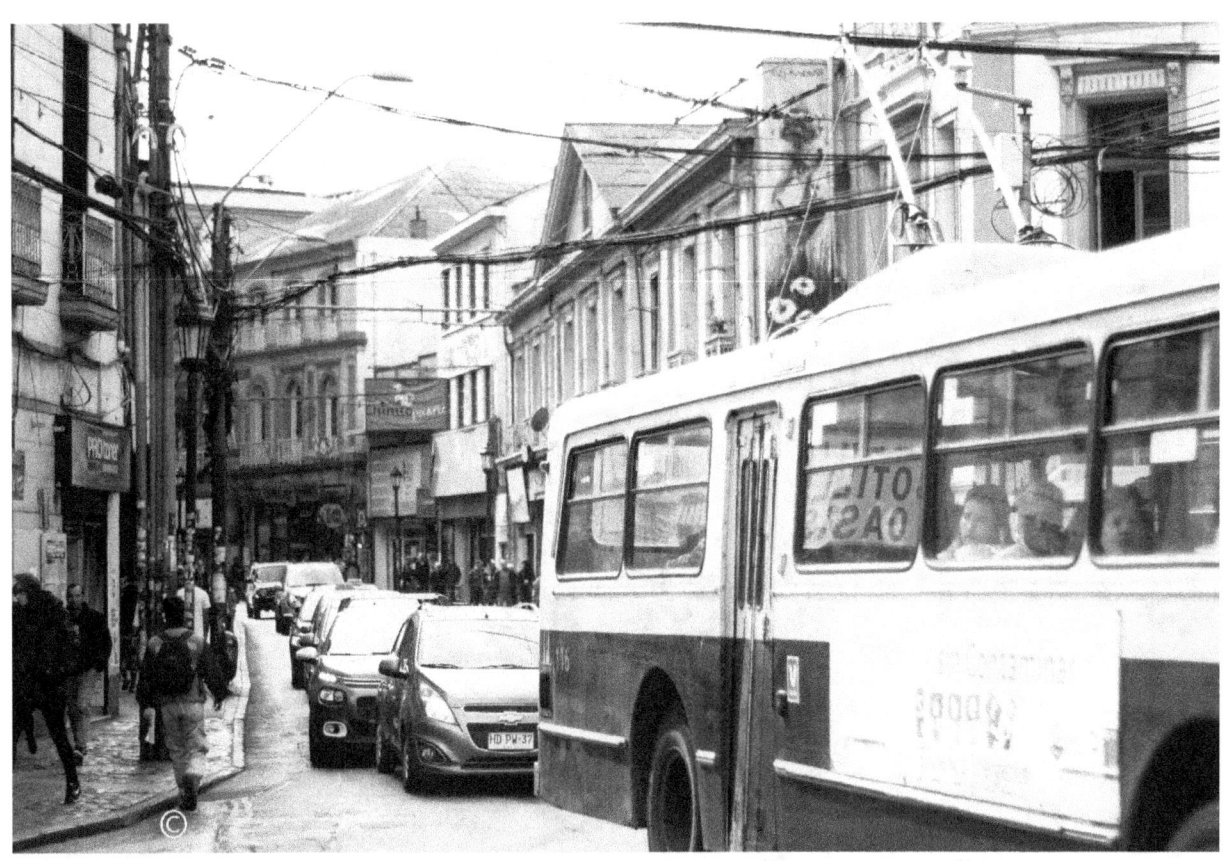

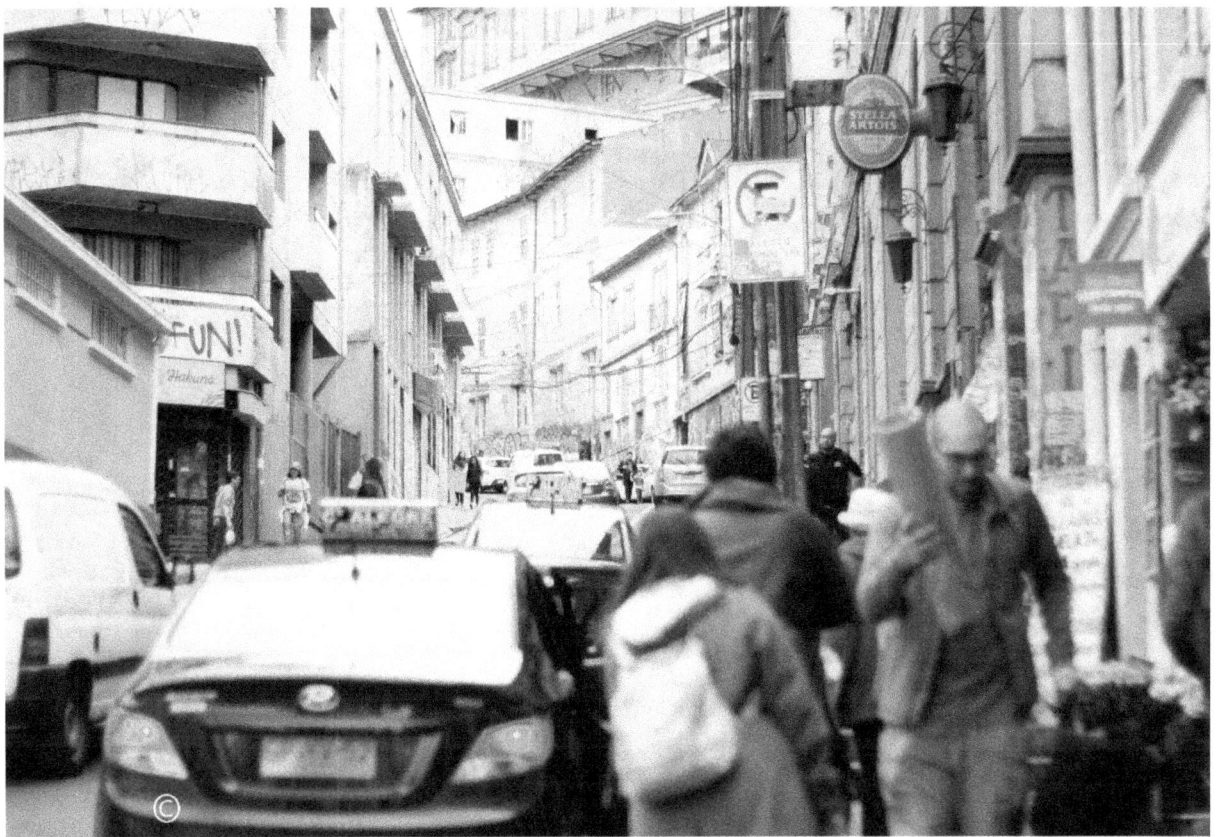

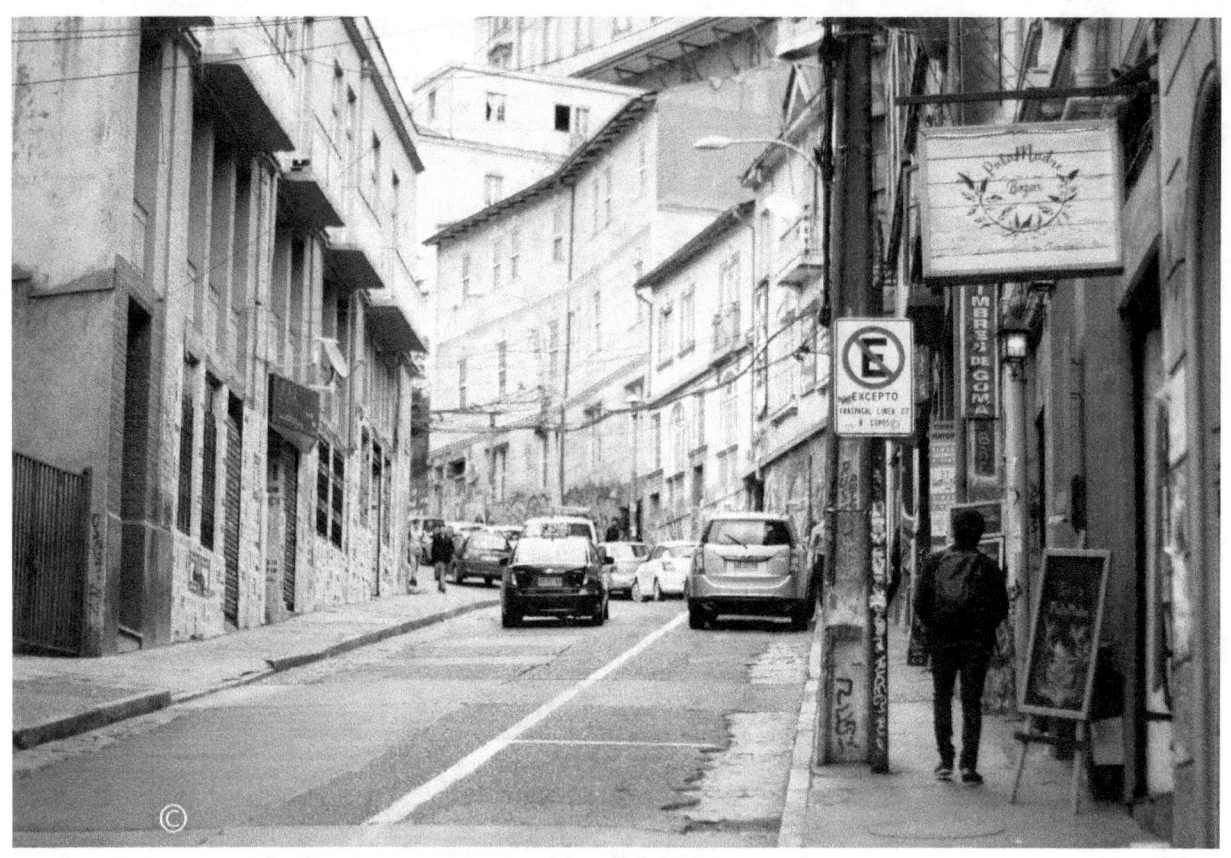

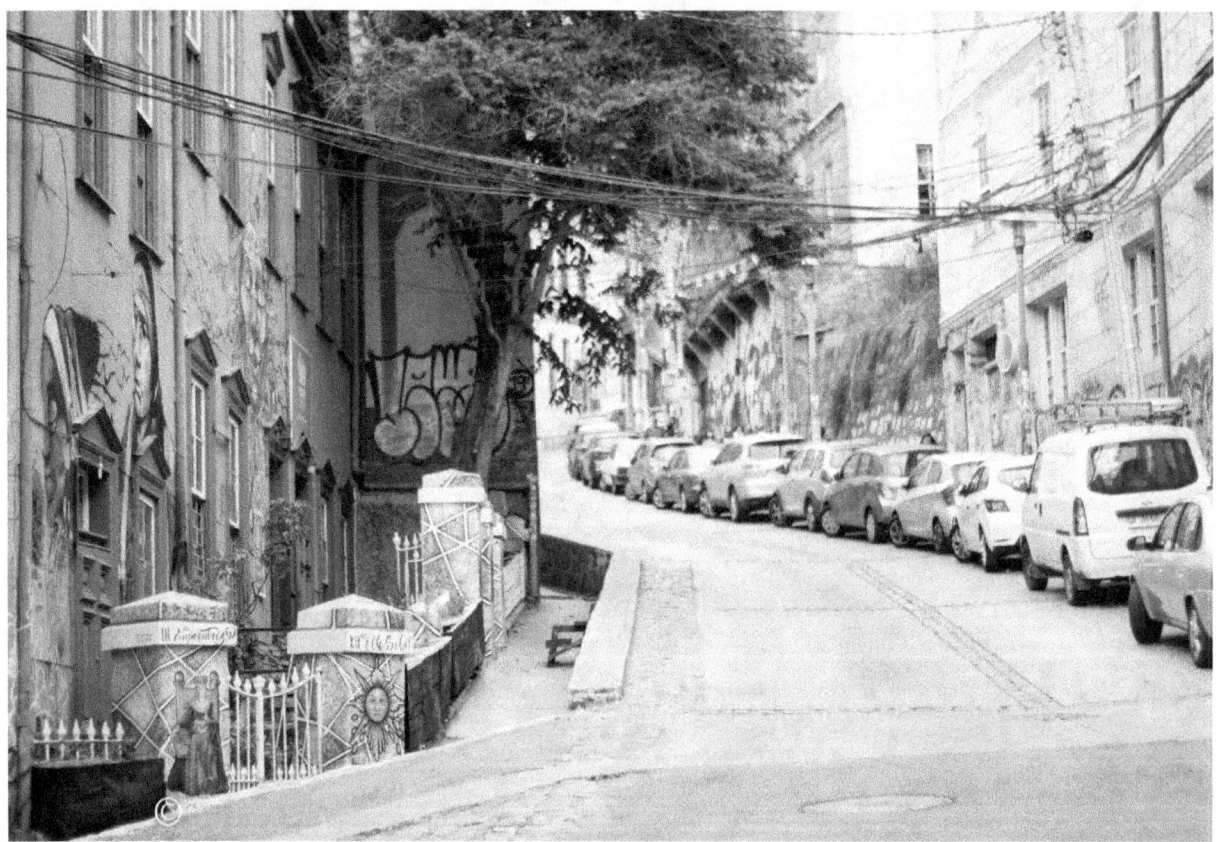

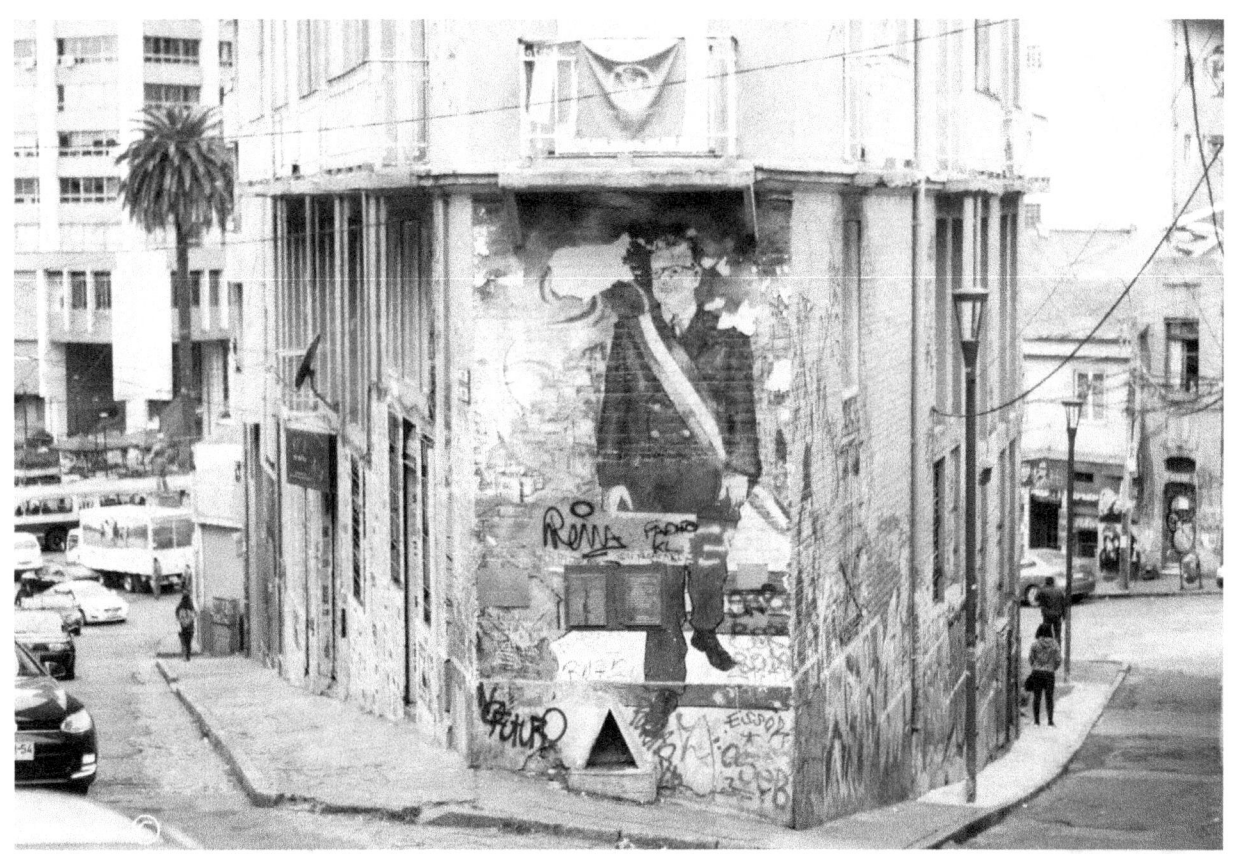

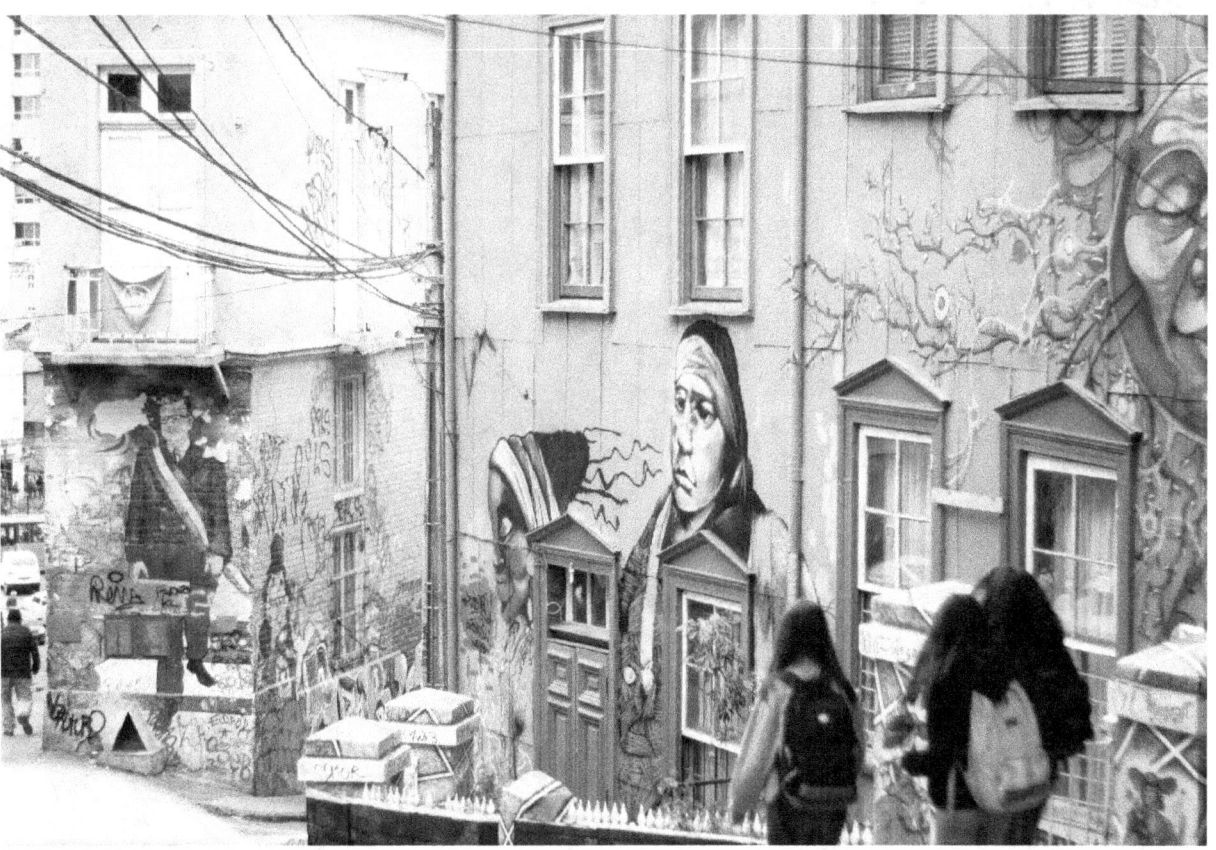

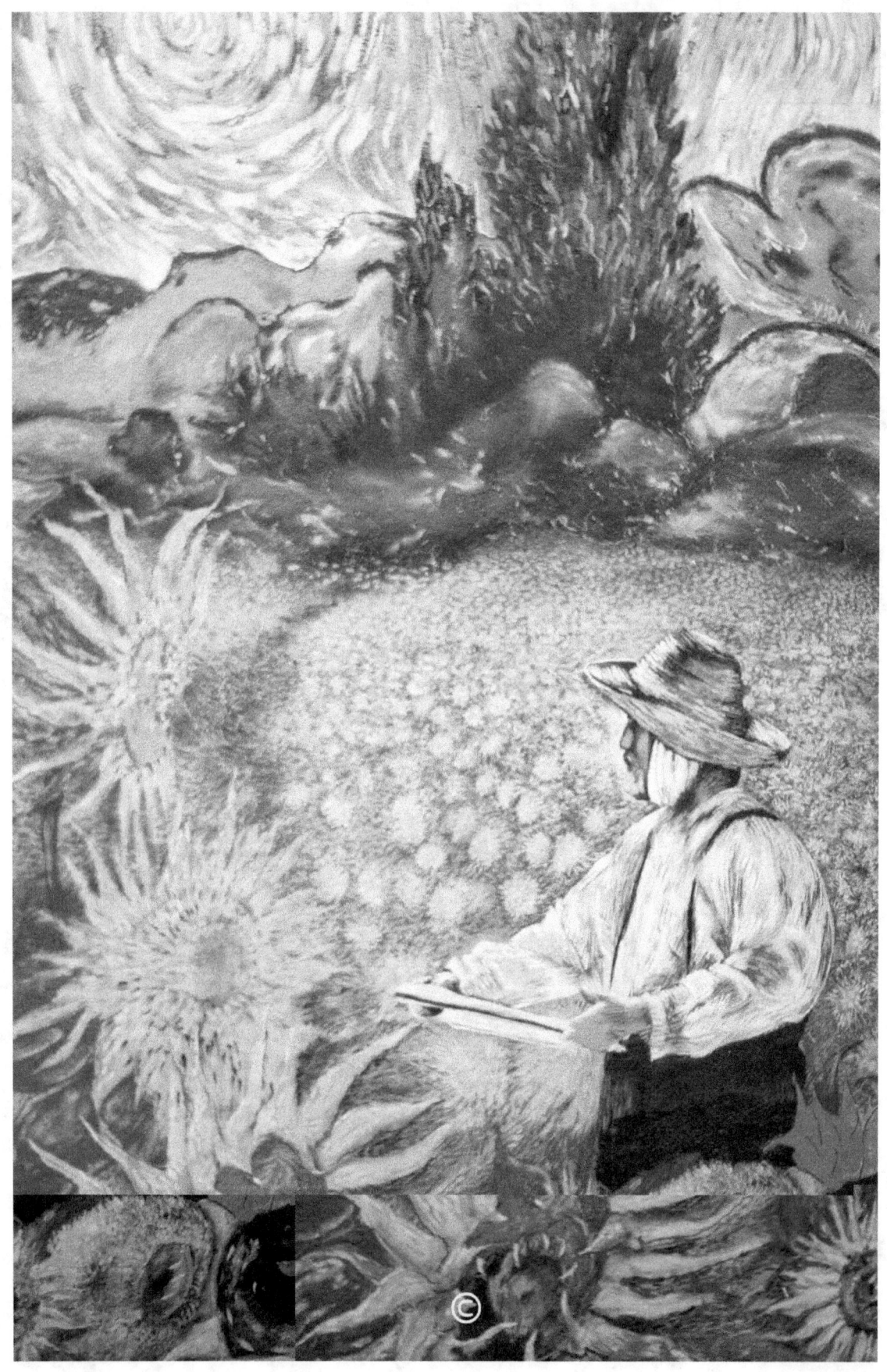

"Hasta hace algún tiempo mi visión de la fotografía distaba mucho de verla más allá de su faceta comercial. Con mi inicio en la meditación Budista y el convertirme en maestro en algunas disciplinas orientales coincidió con el momento en que comencé a buscar cómo expresar el mundo interior en el exterior …"

"Until some time ago my vision of photography was far from seeing it beyond its commercial aspect. With my beginning in Buddhist meditation and becoming a teacher in some oriental disciplines, it coincided with the moment when I began to look for how to express the inner world abroad".

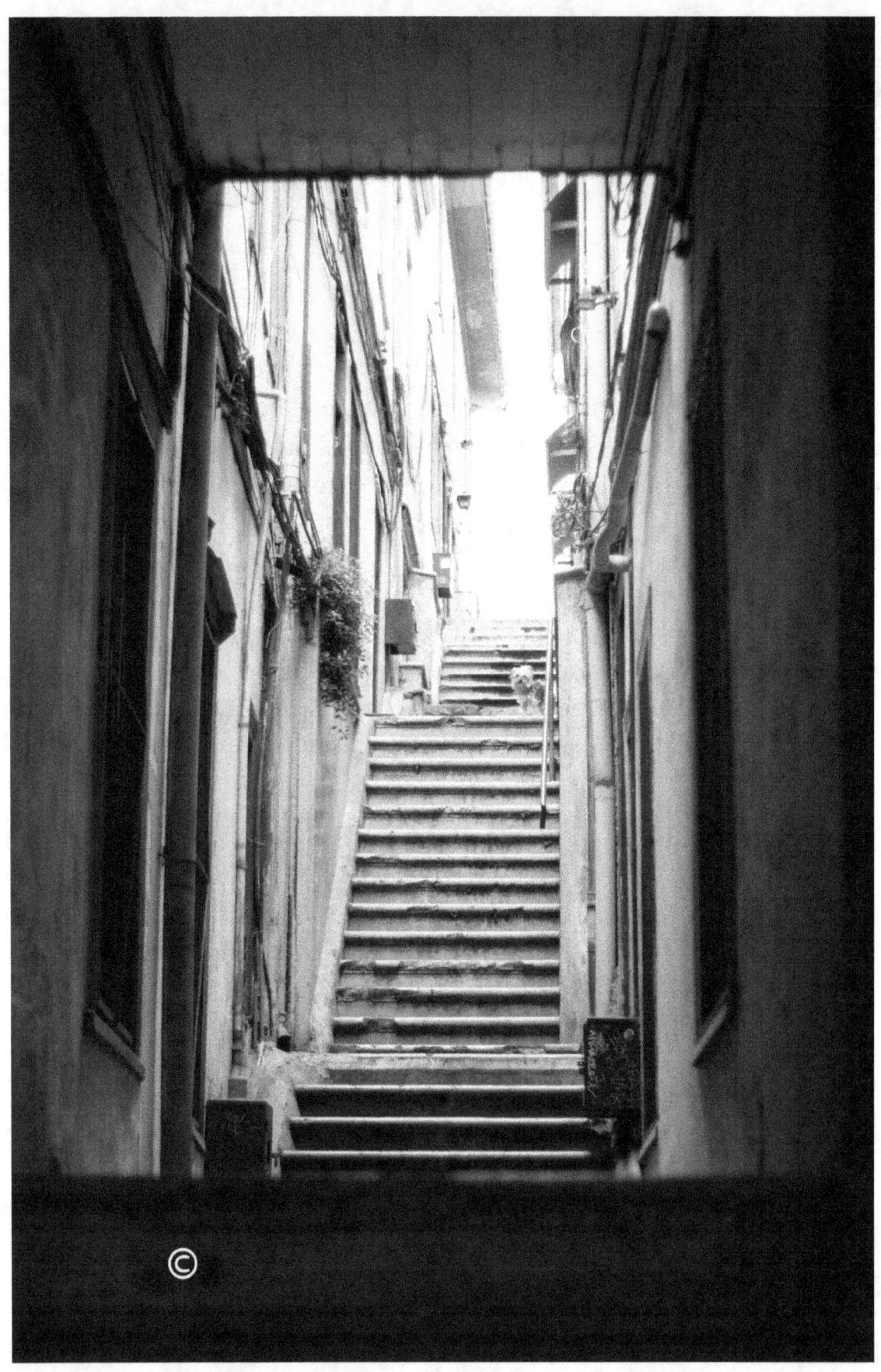

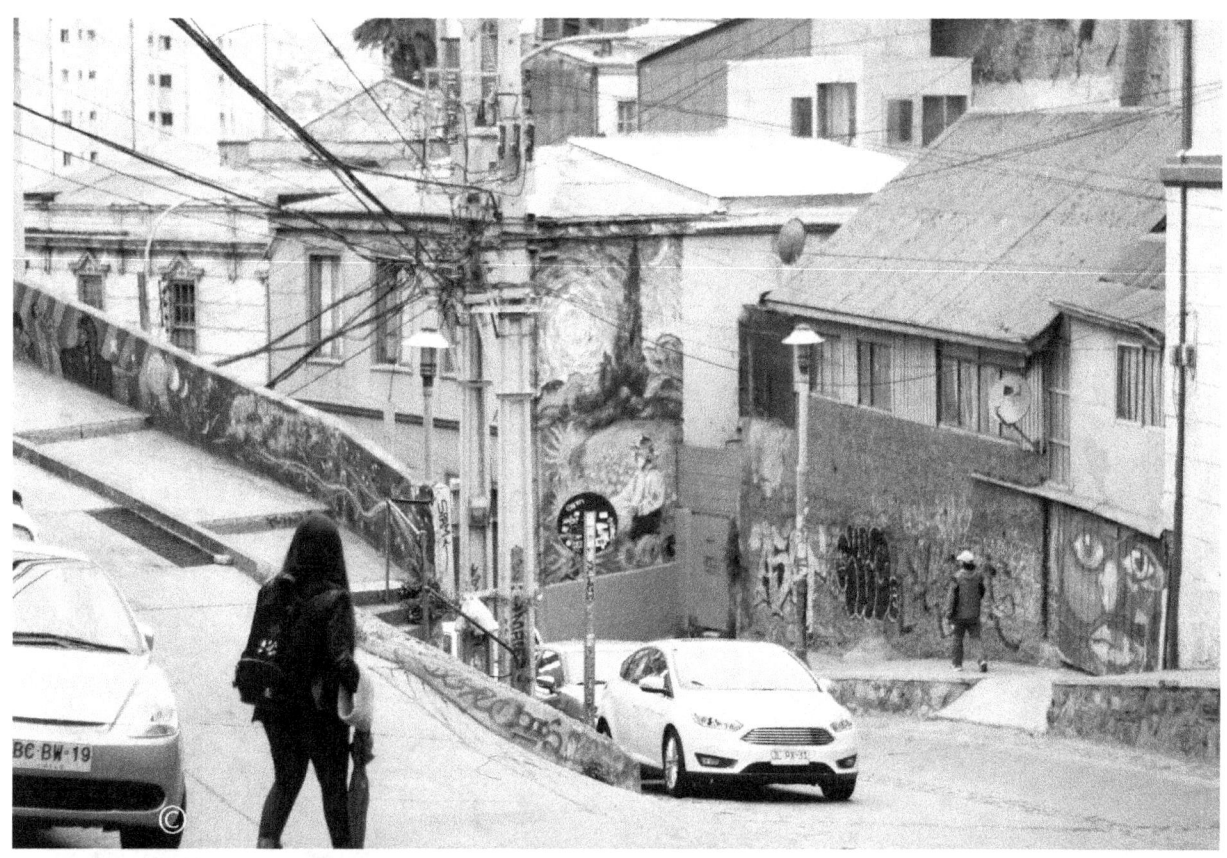

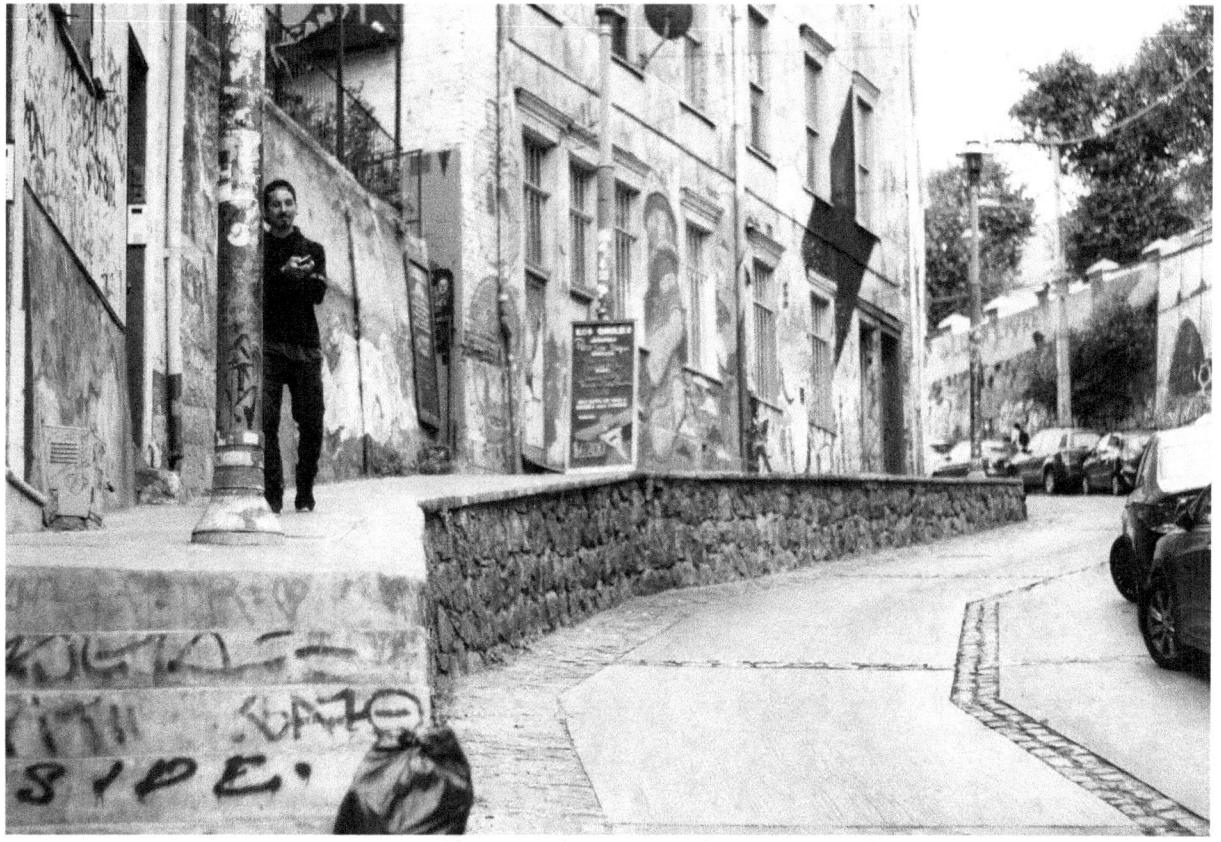

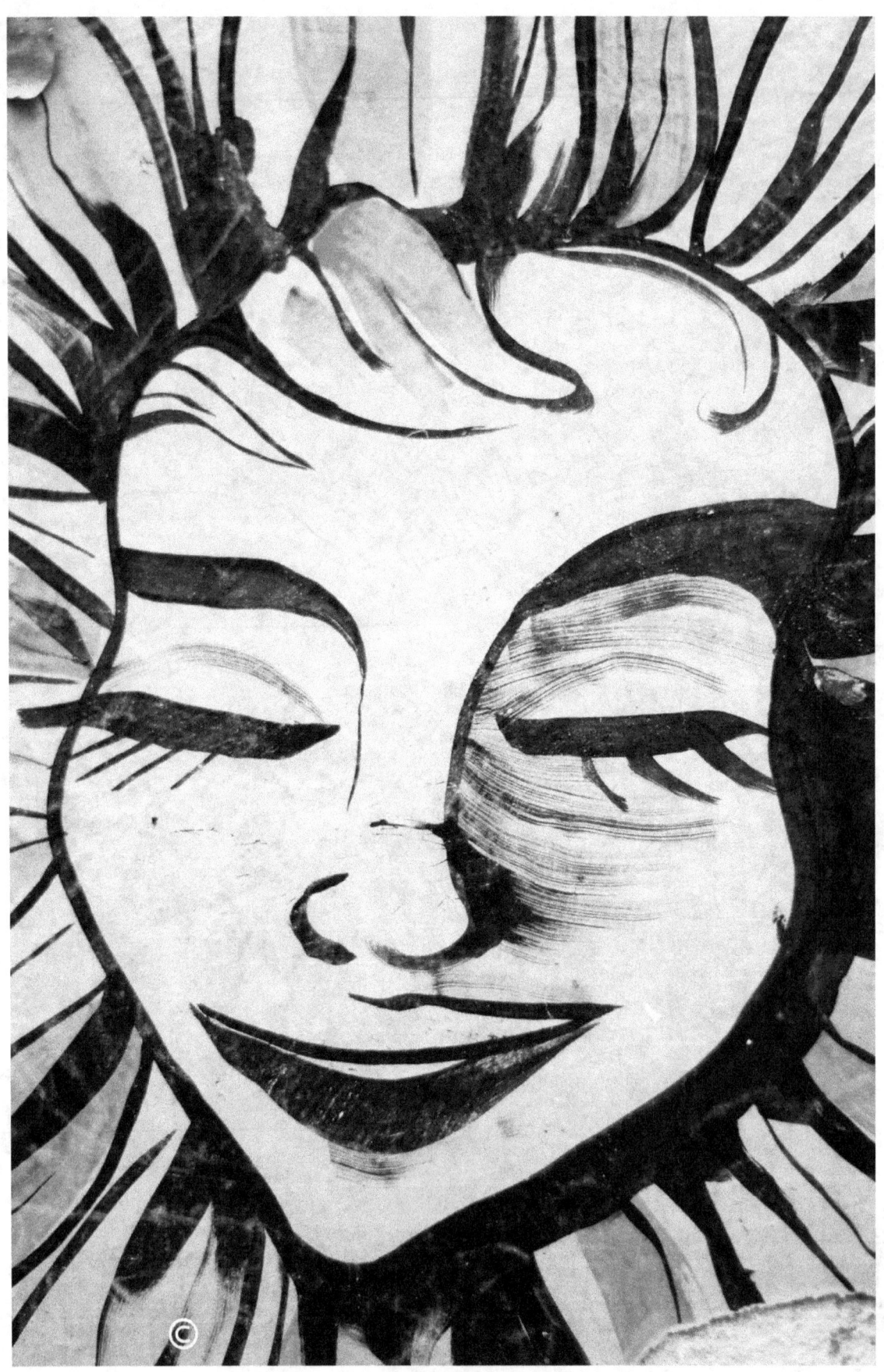

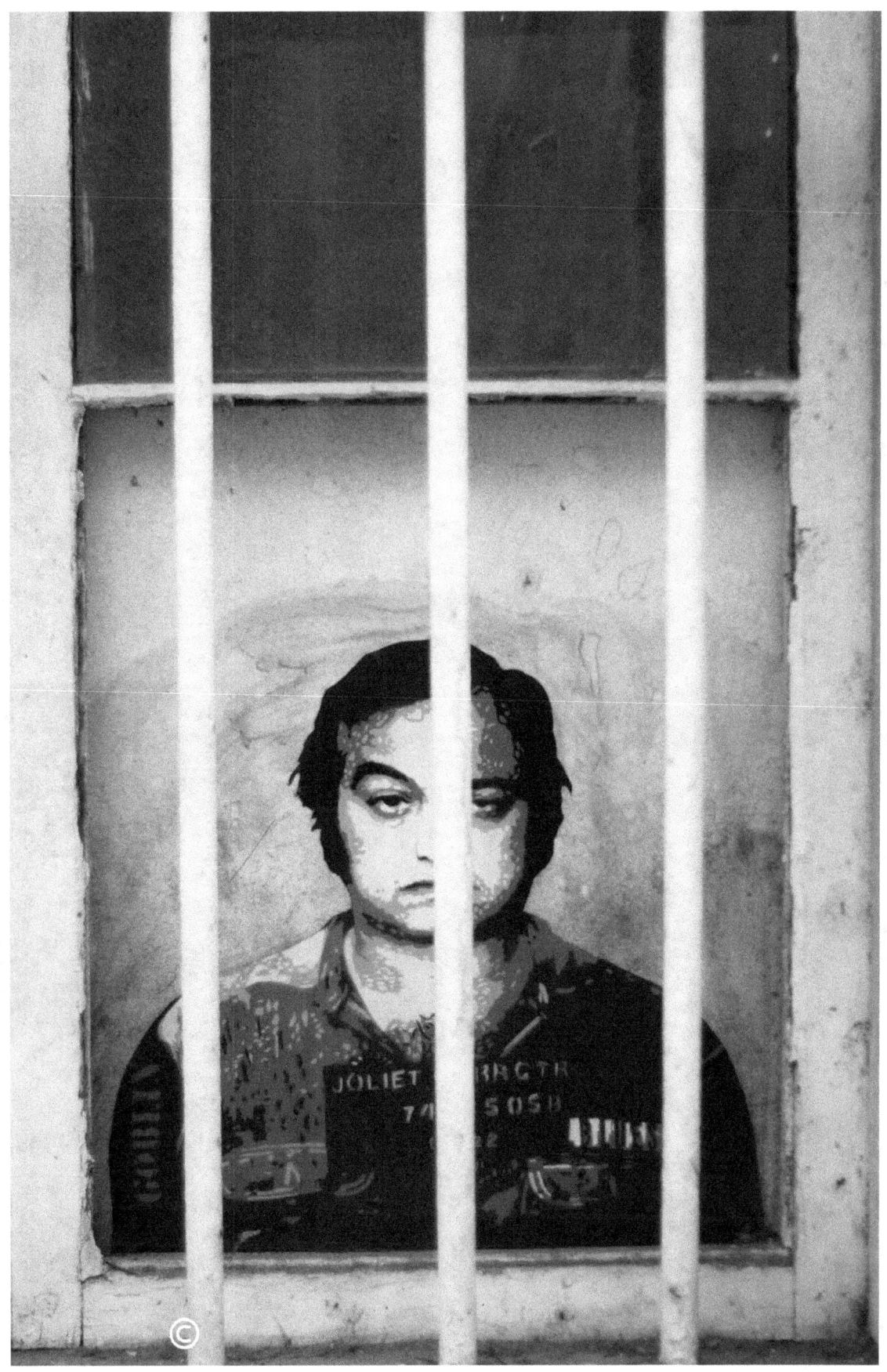

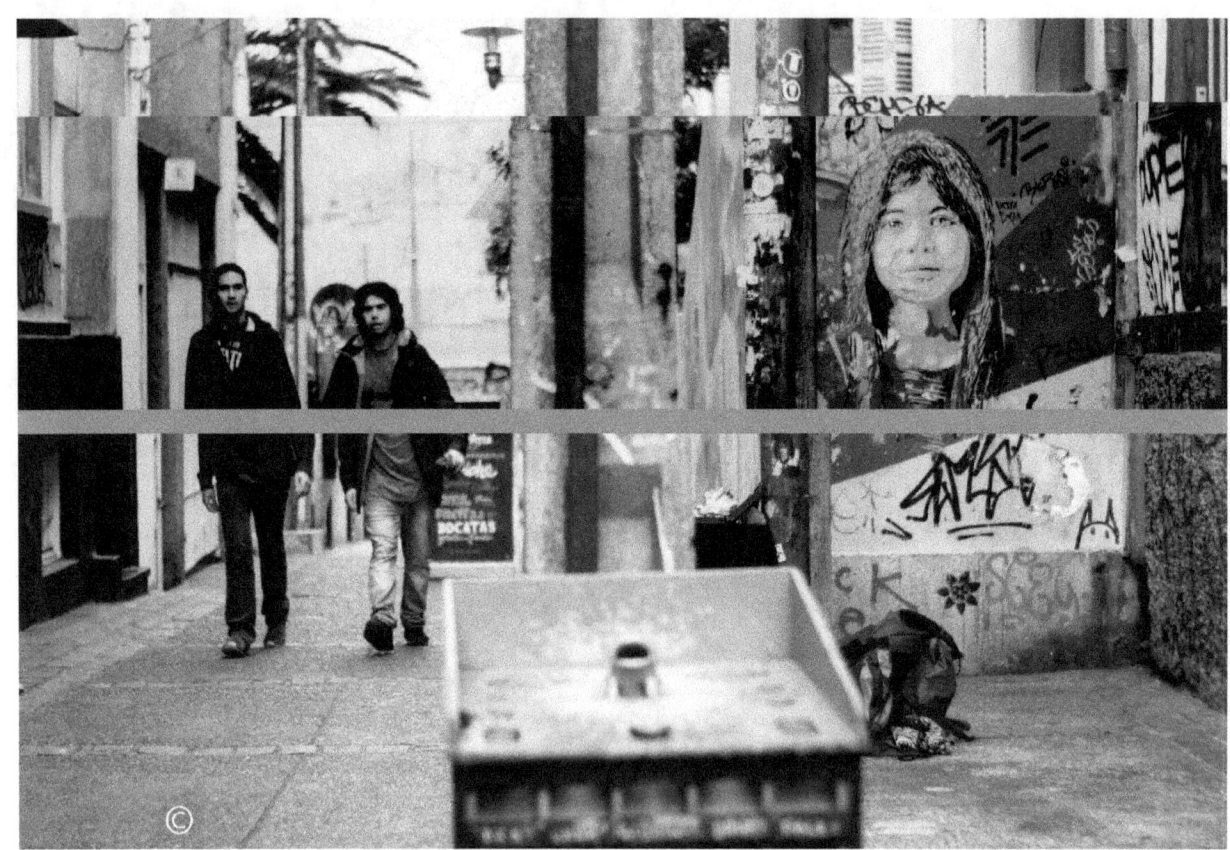

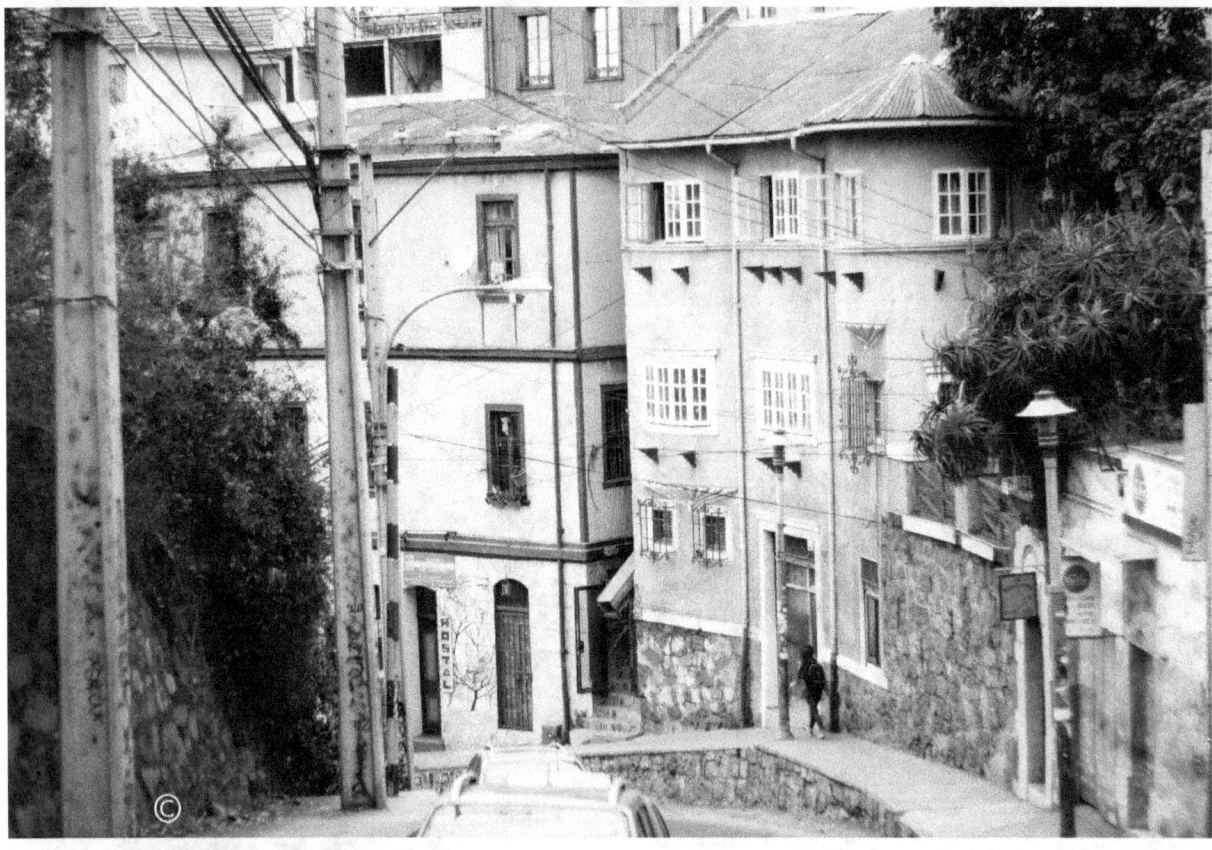

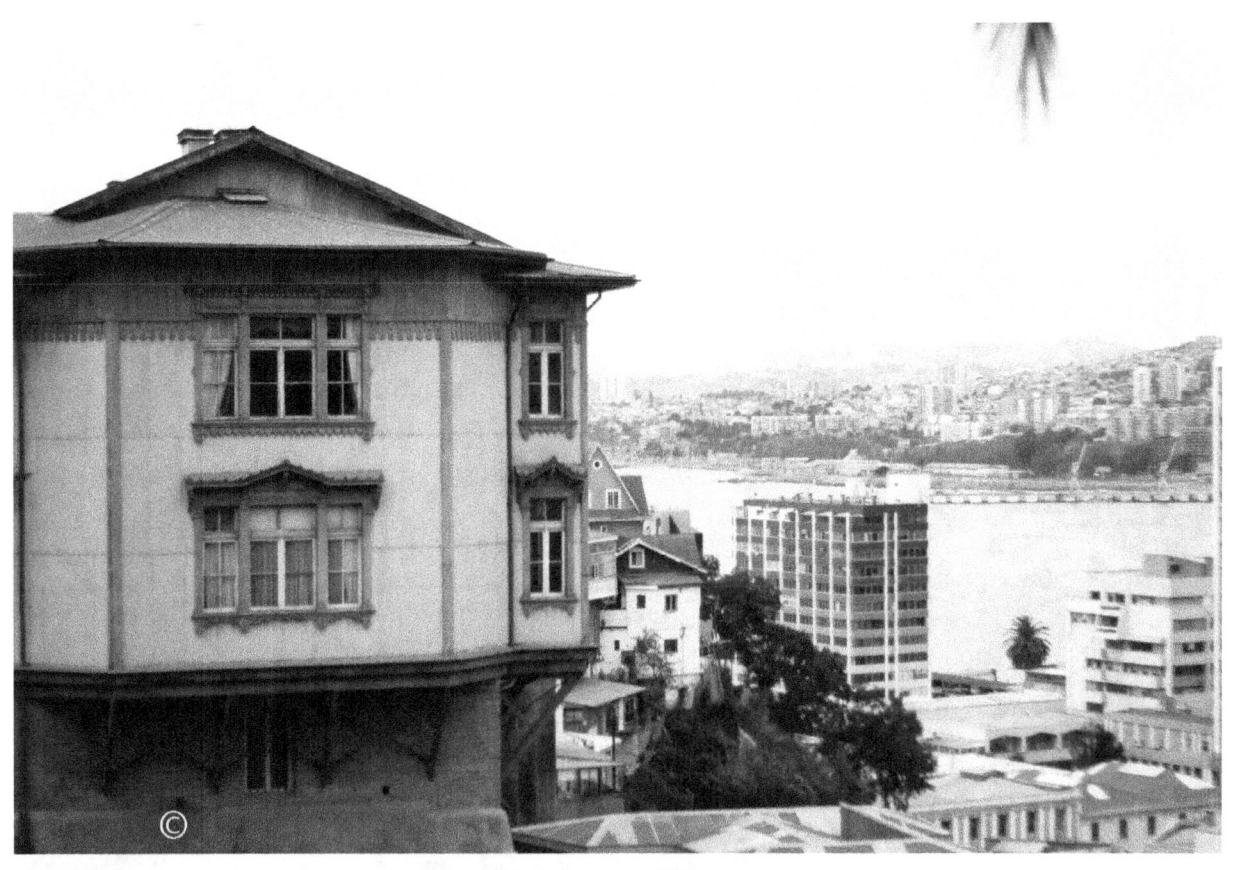

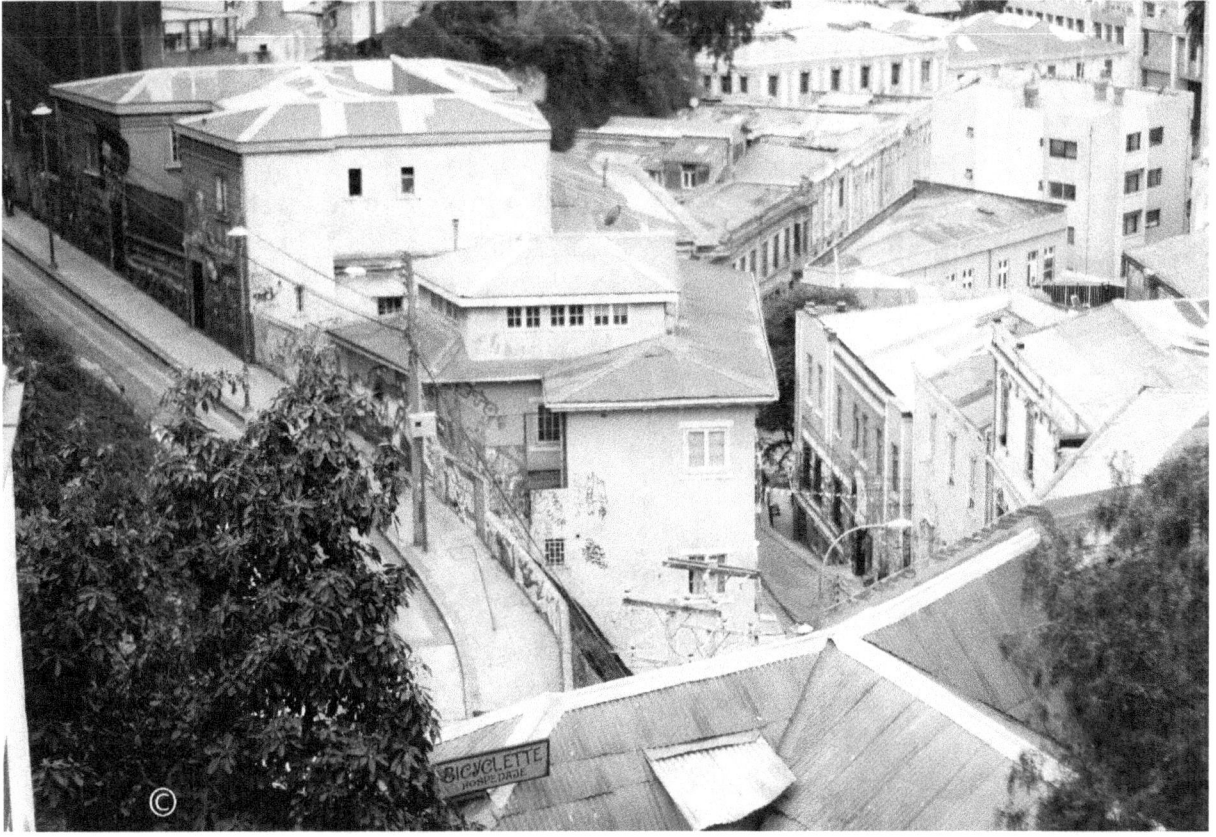

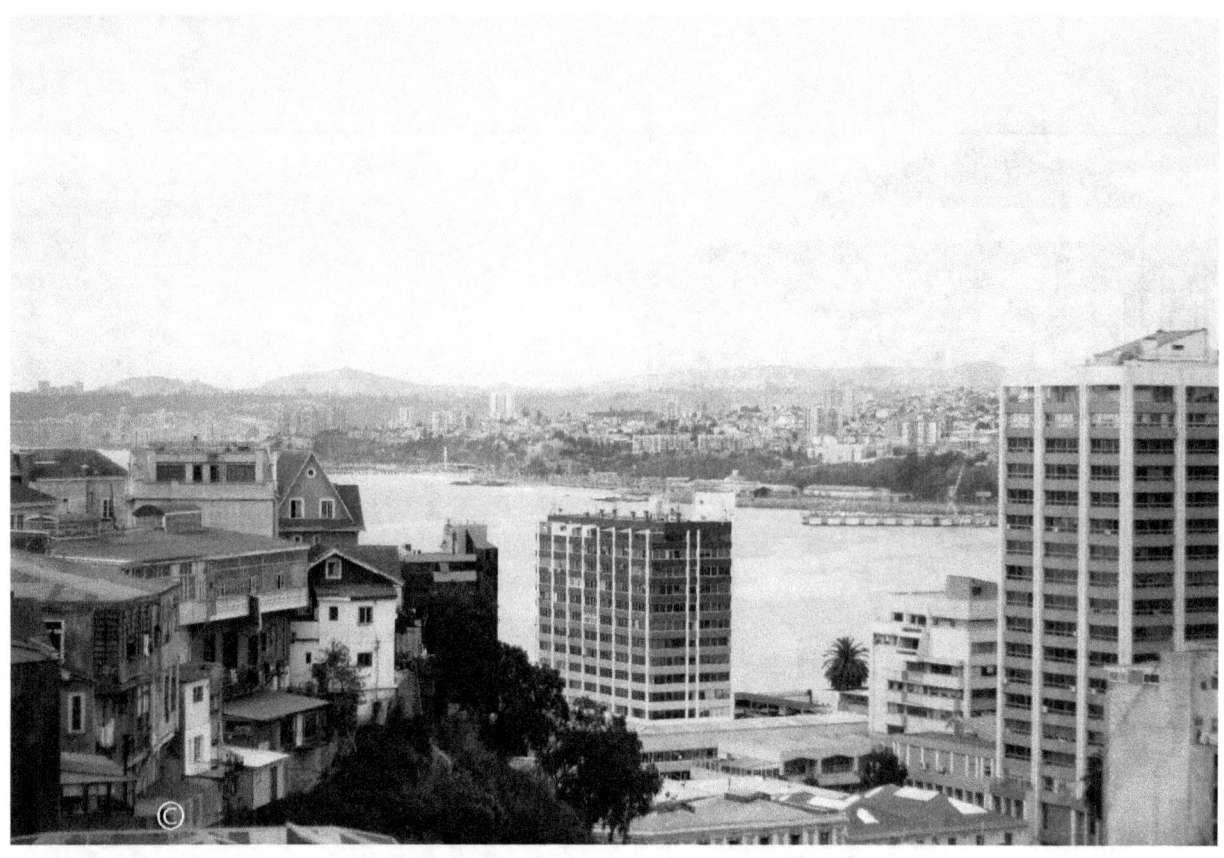

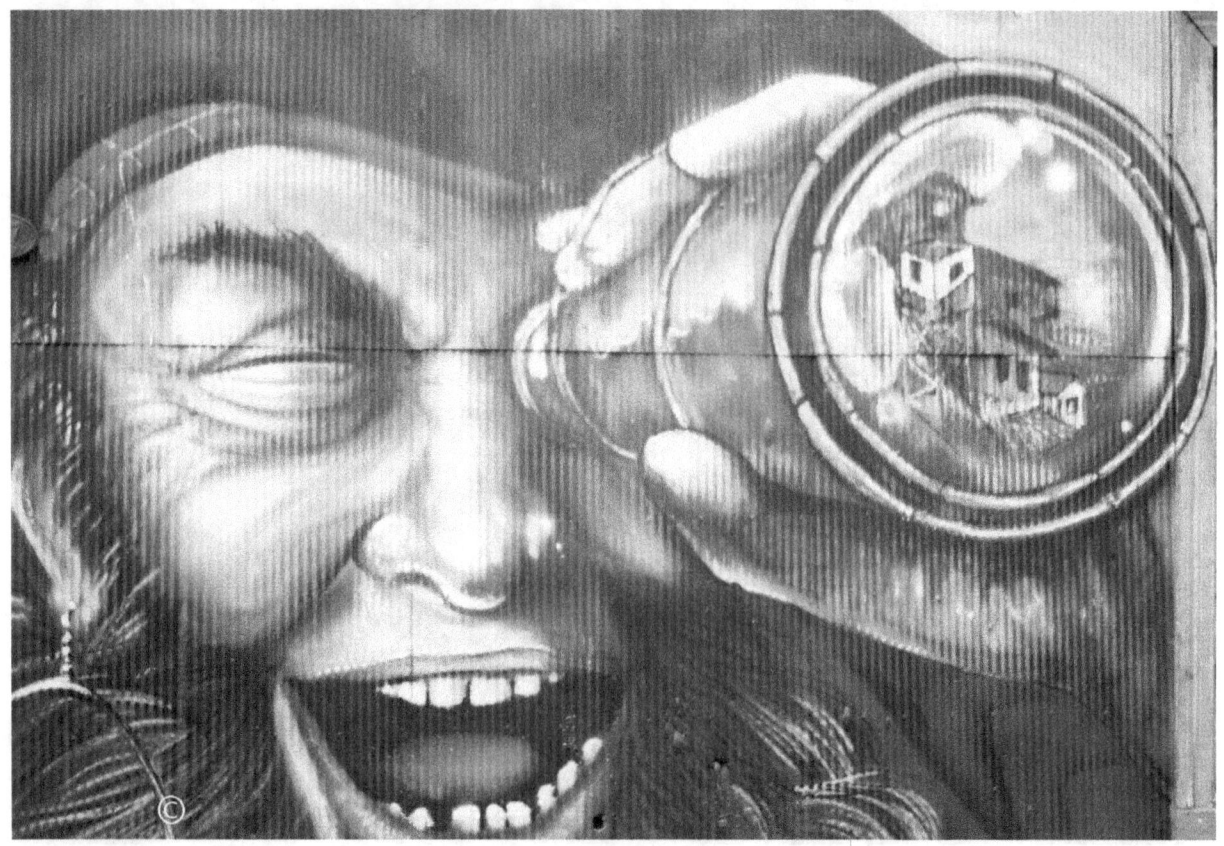

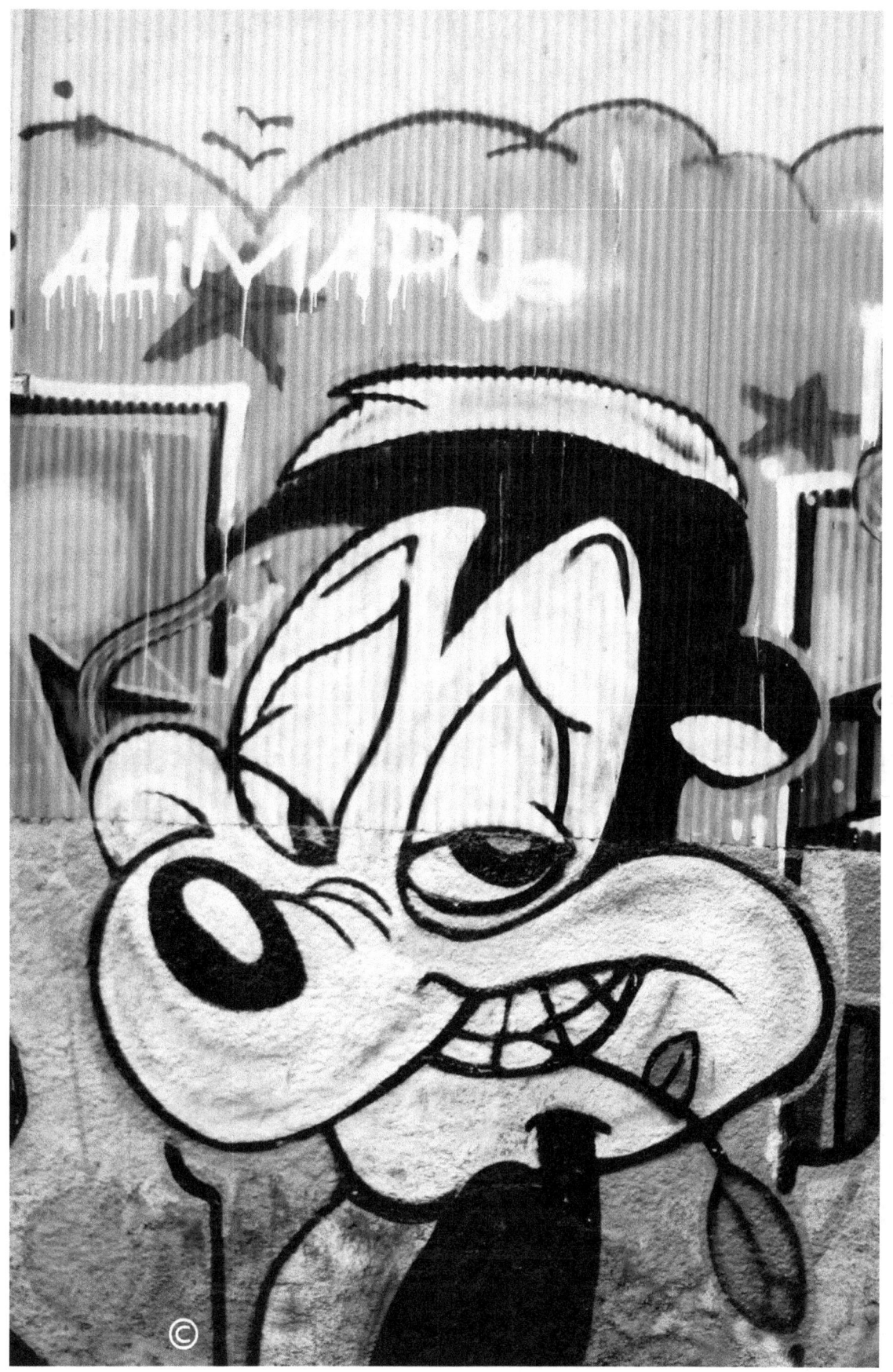

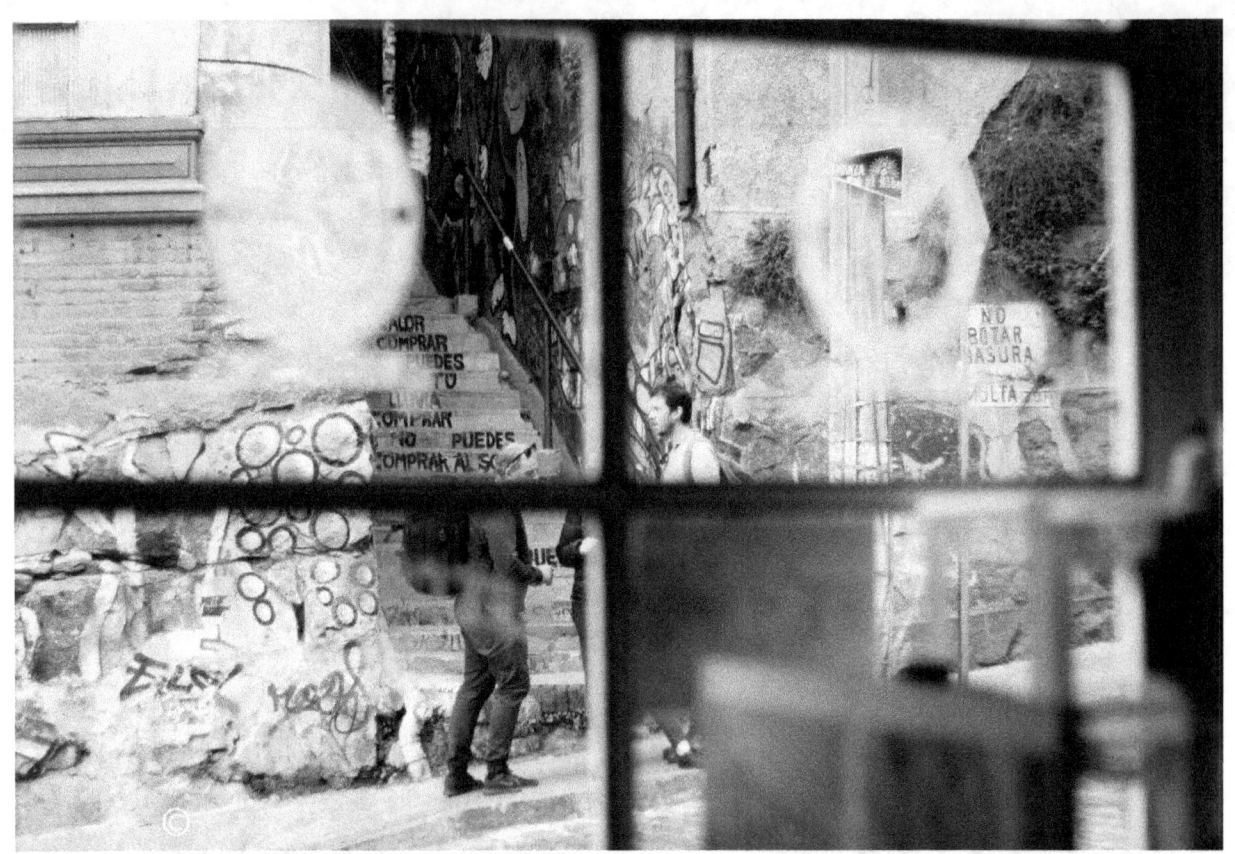

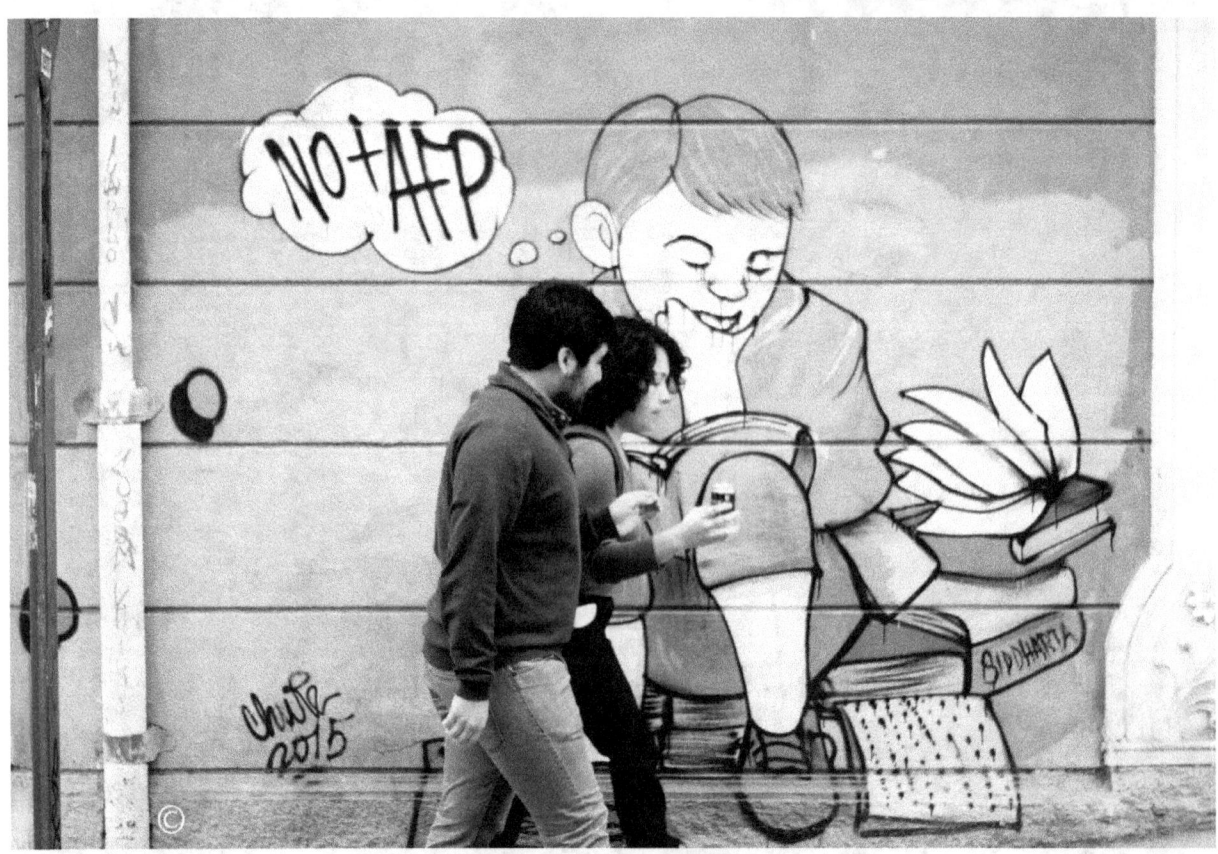

"La lente fotográfica, acompañada de una profunda necesidad de autoconocimiento se transforman en una nueva forma de *enfocar* la vida y la realidad. Nace un nuevo paradigma, un nuevo puzle fotográfico"

"The photographic lens, accompanied by a deep need for self-knowledge, is transformed into a new way of approaching life and reality. A new paradigm is born, a new photographic puzzle".

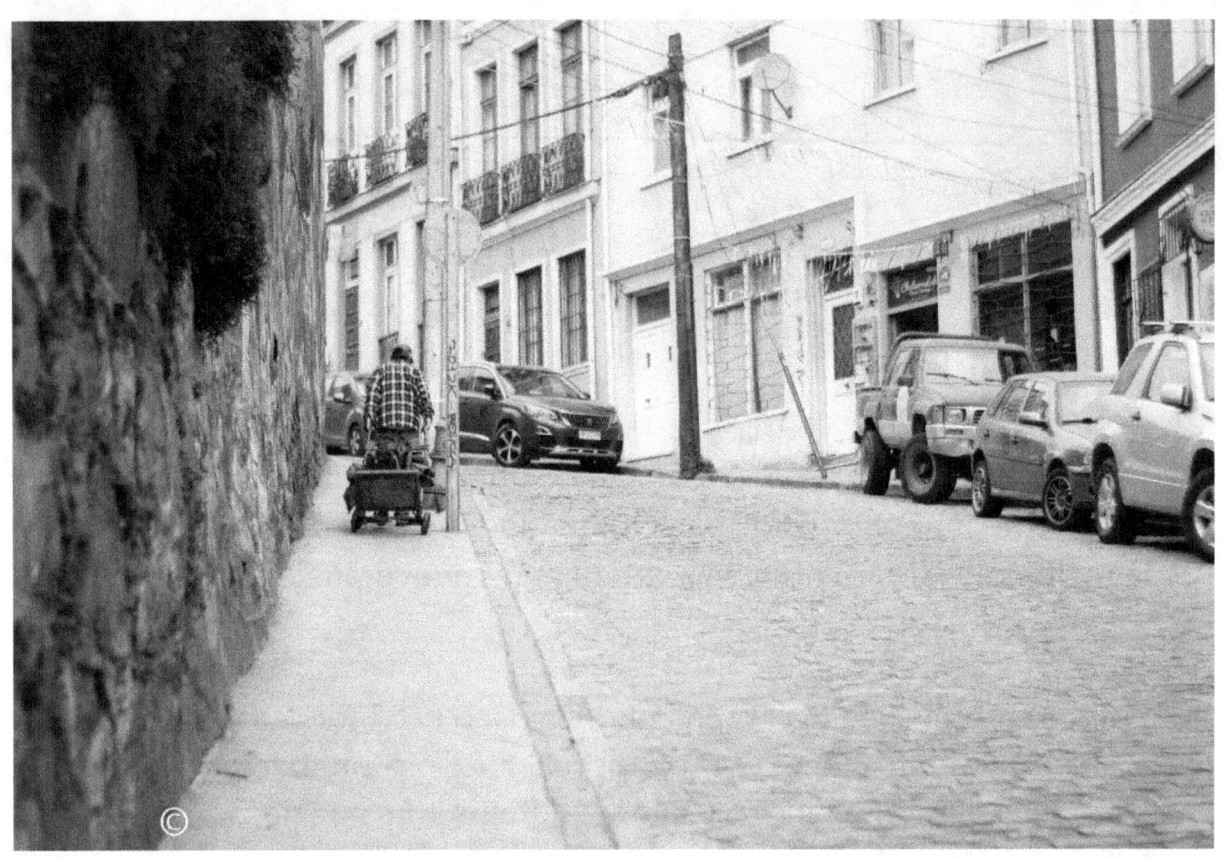

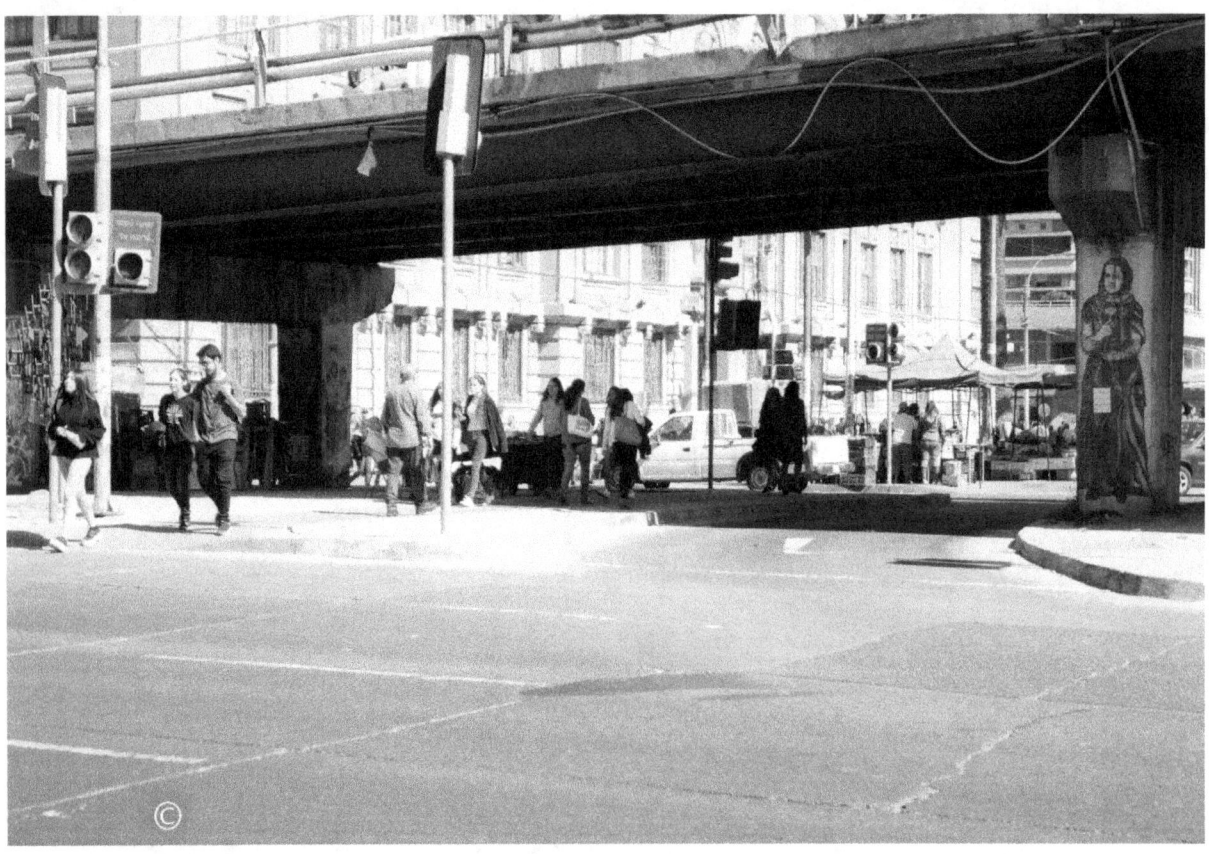

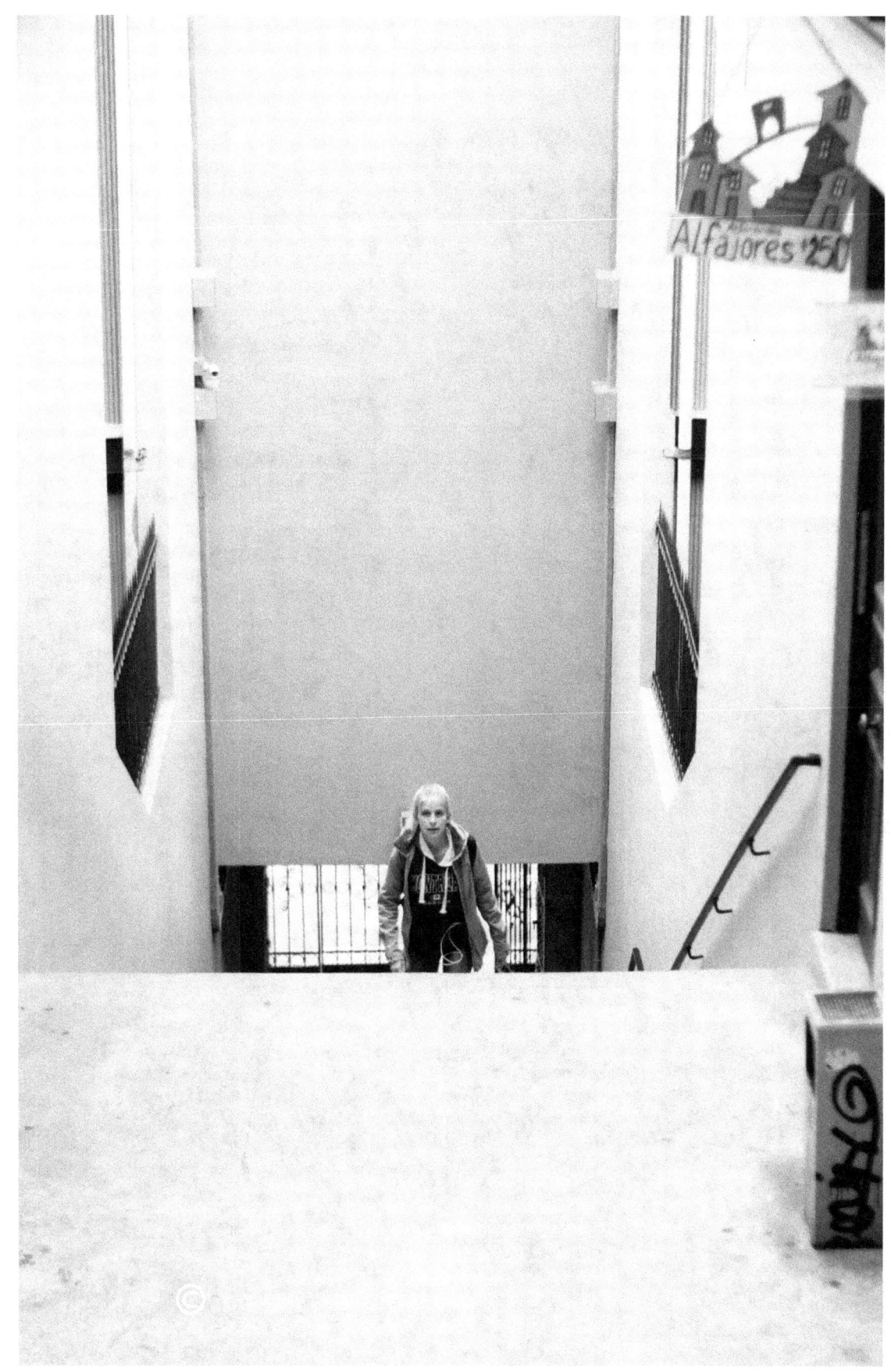

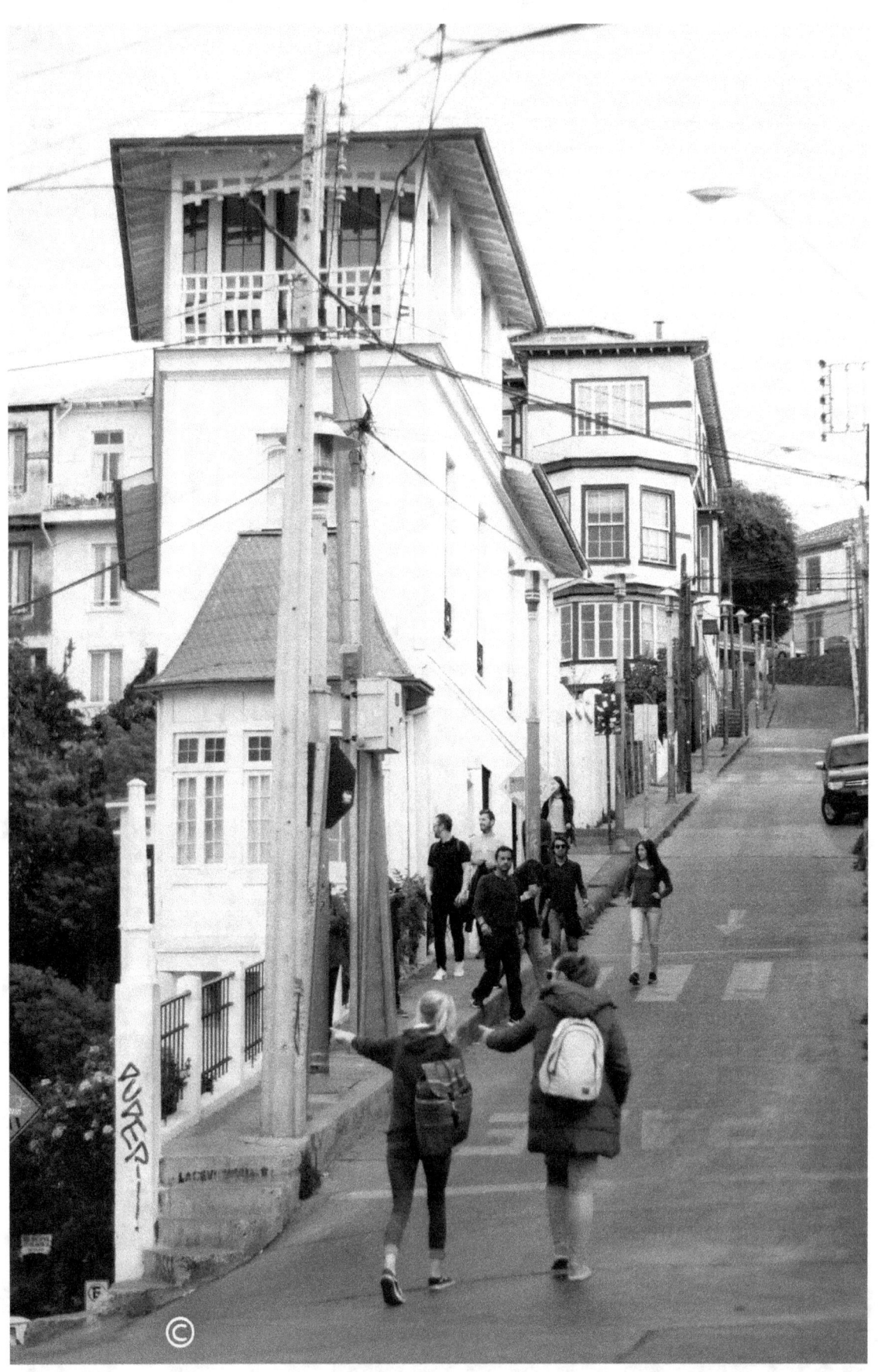

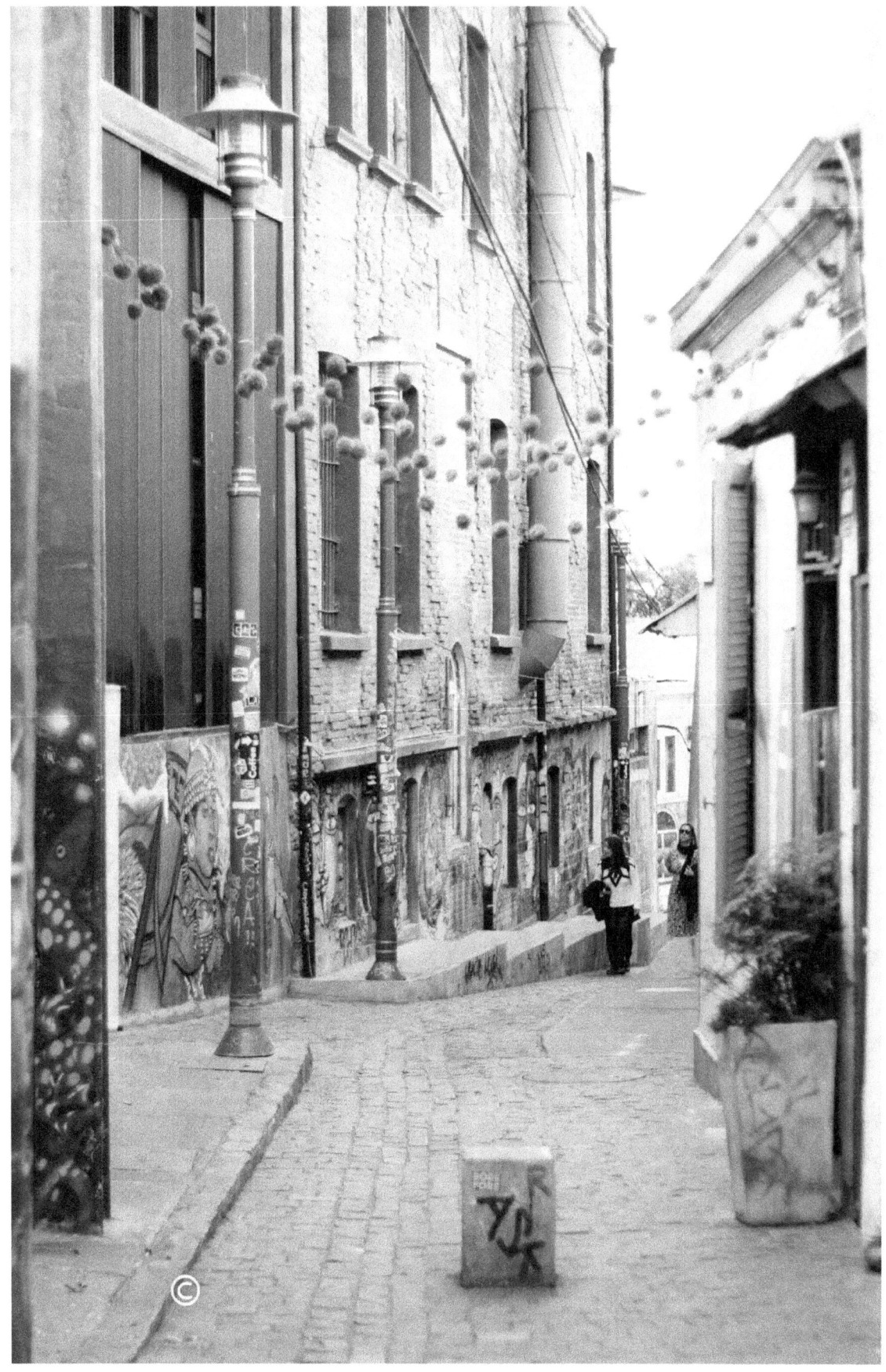

Region of Valparaiso, the jewel of pacific the sailor say

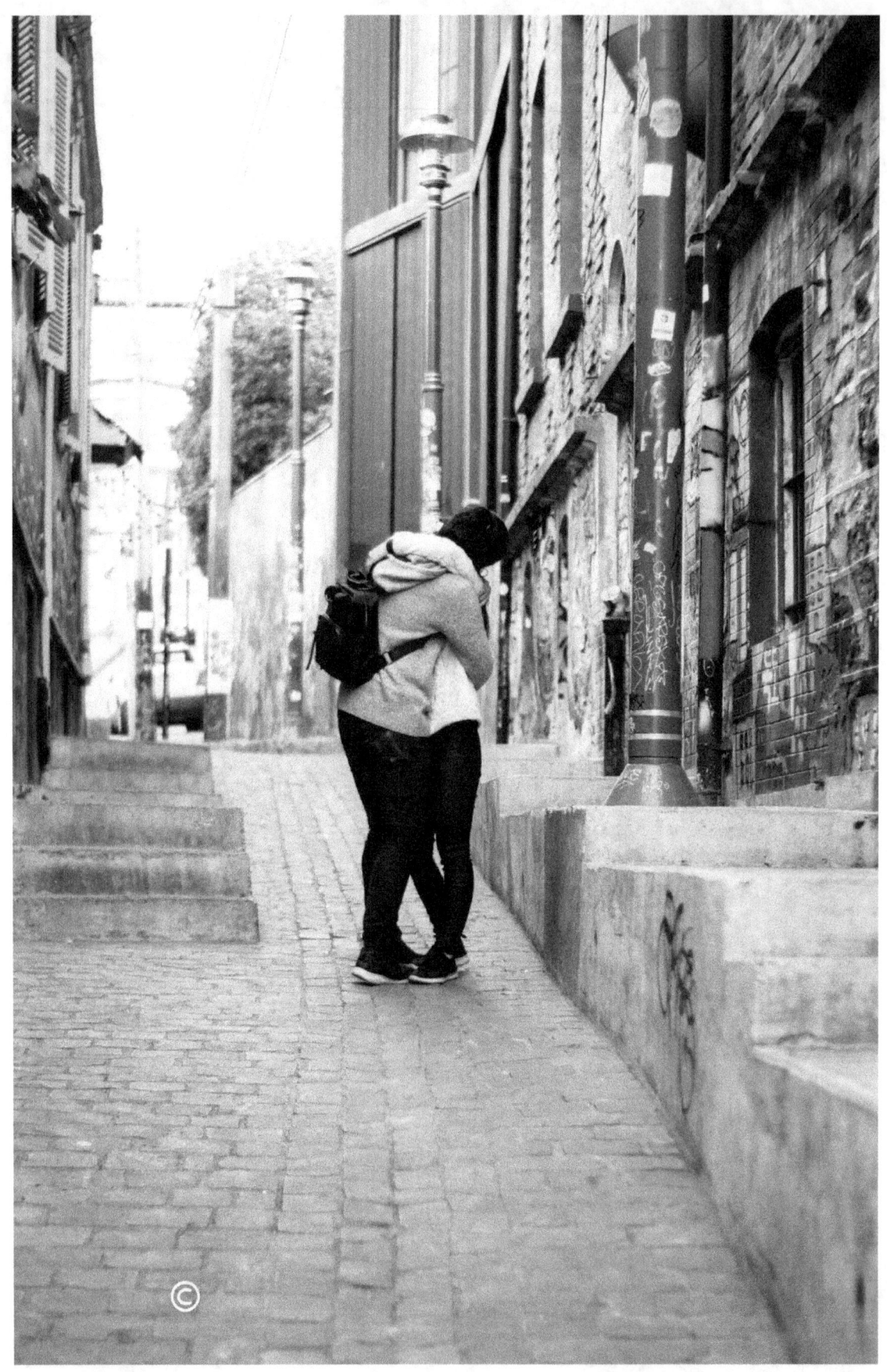

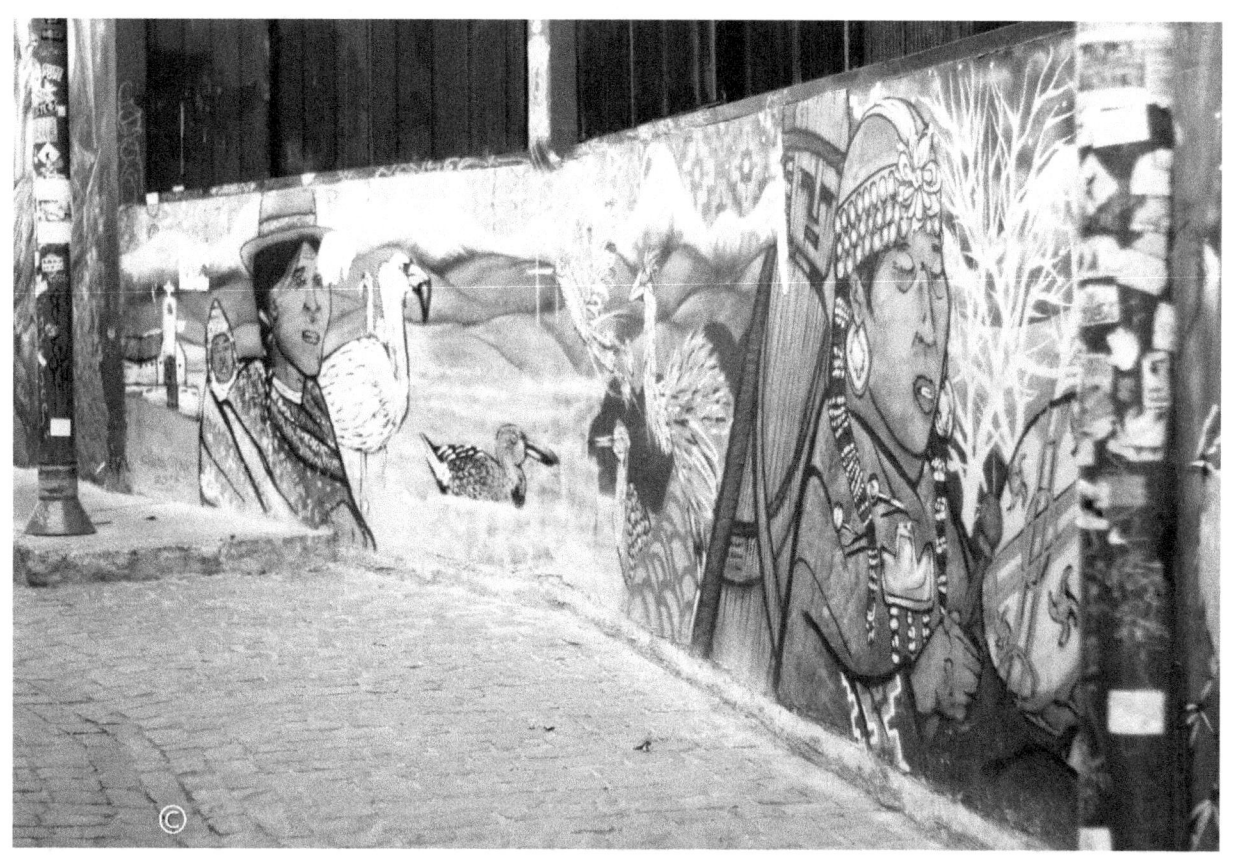

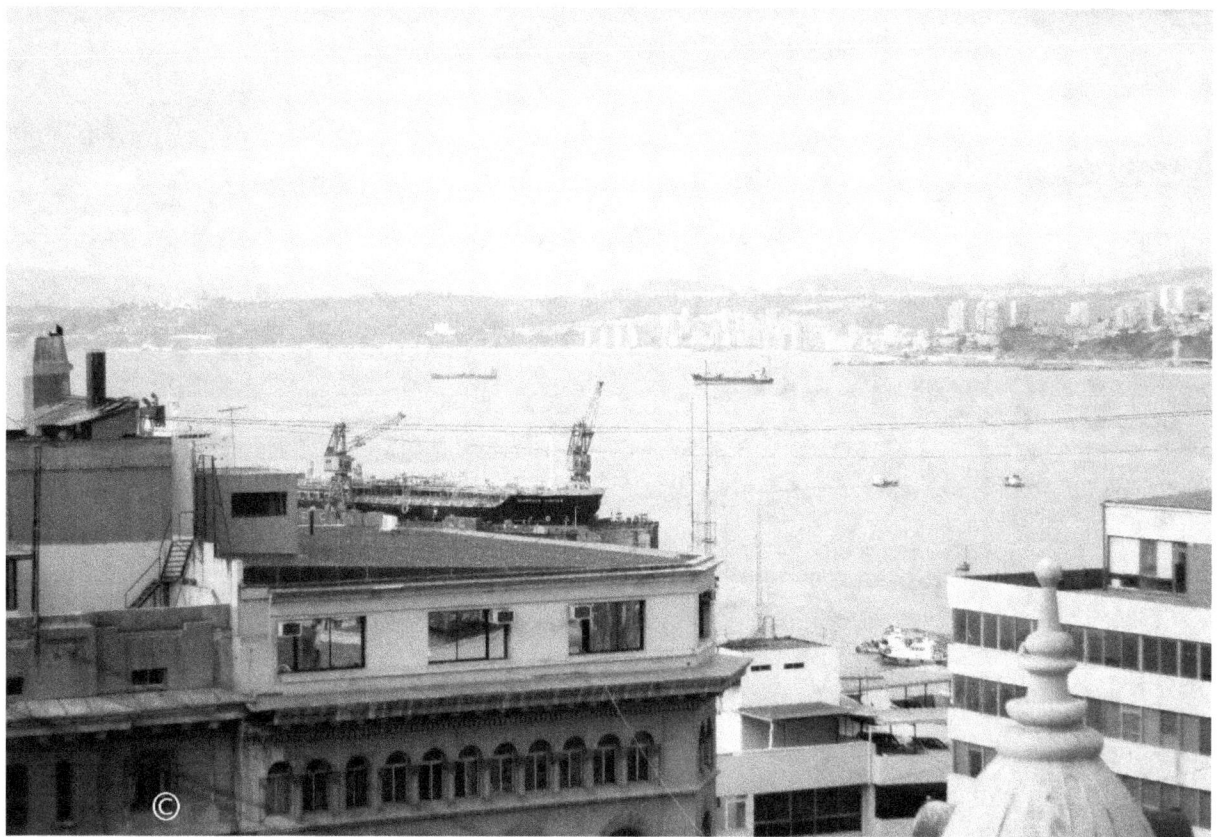

Region of Valparaiso, the jewel of pacific the sailor say

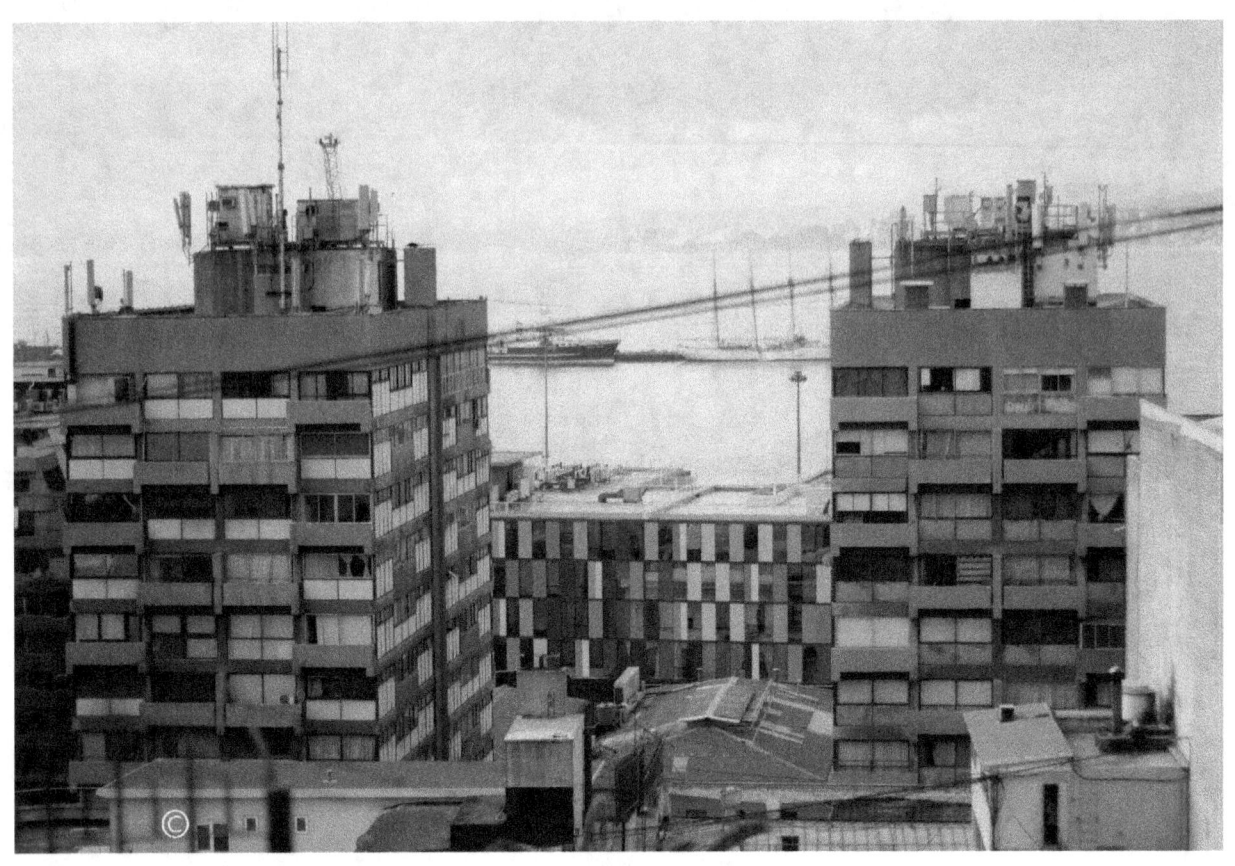

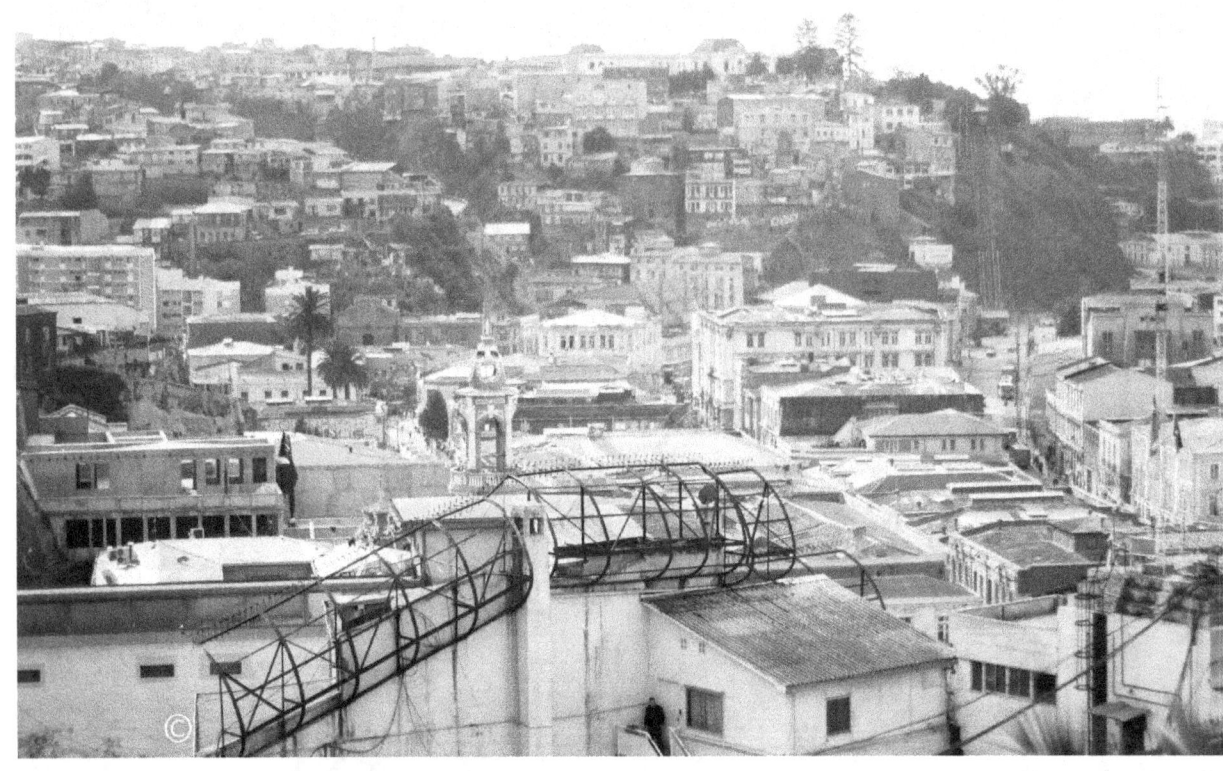

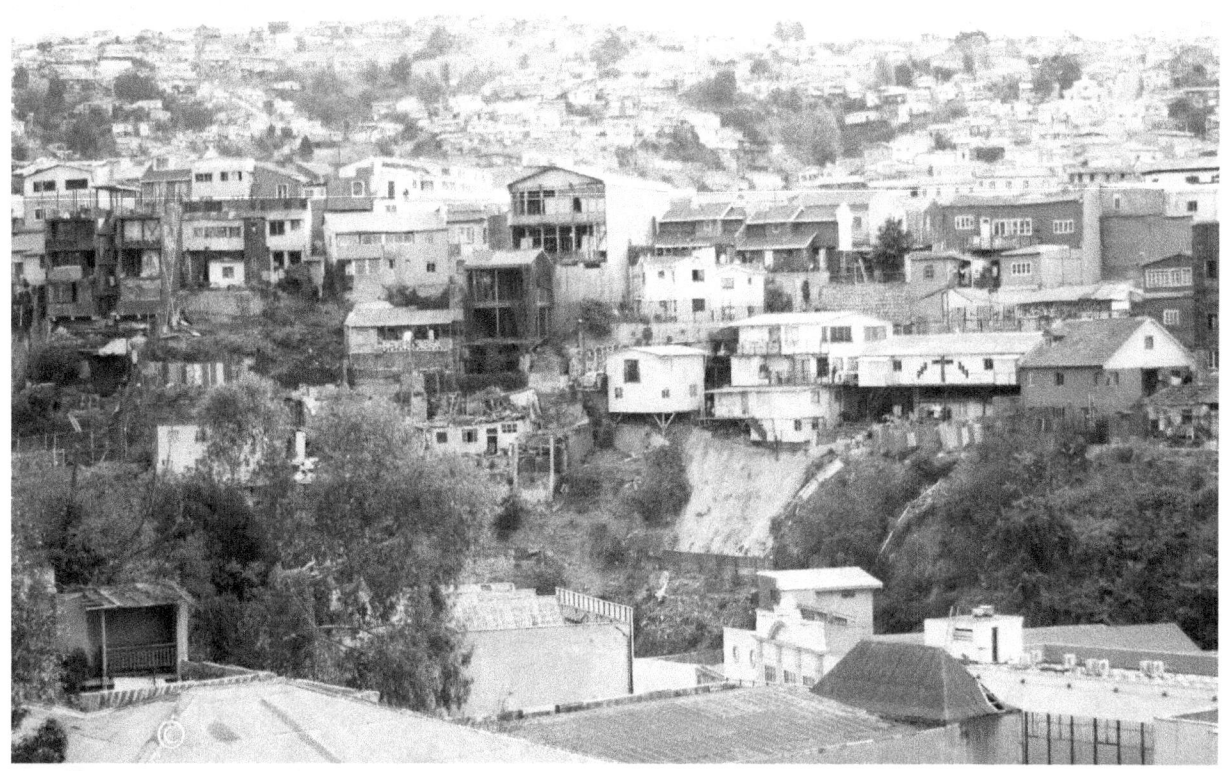

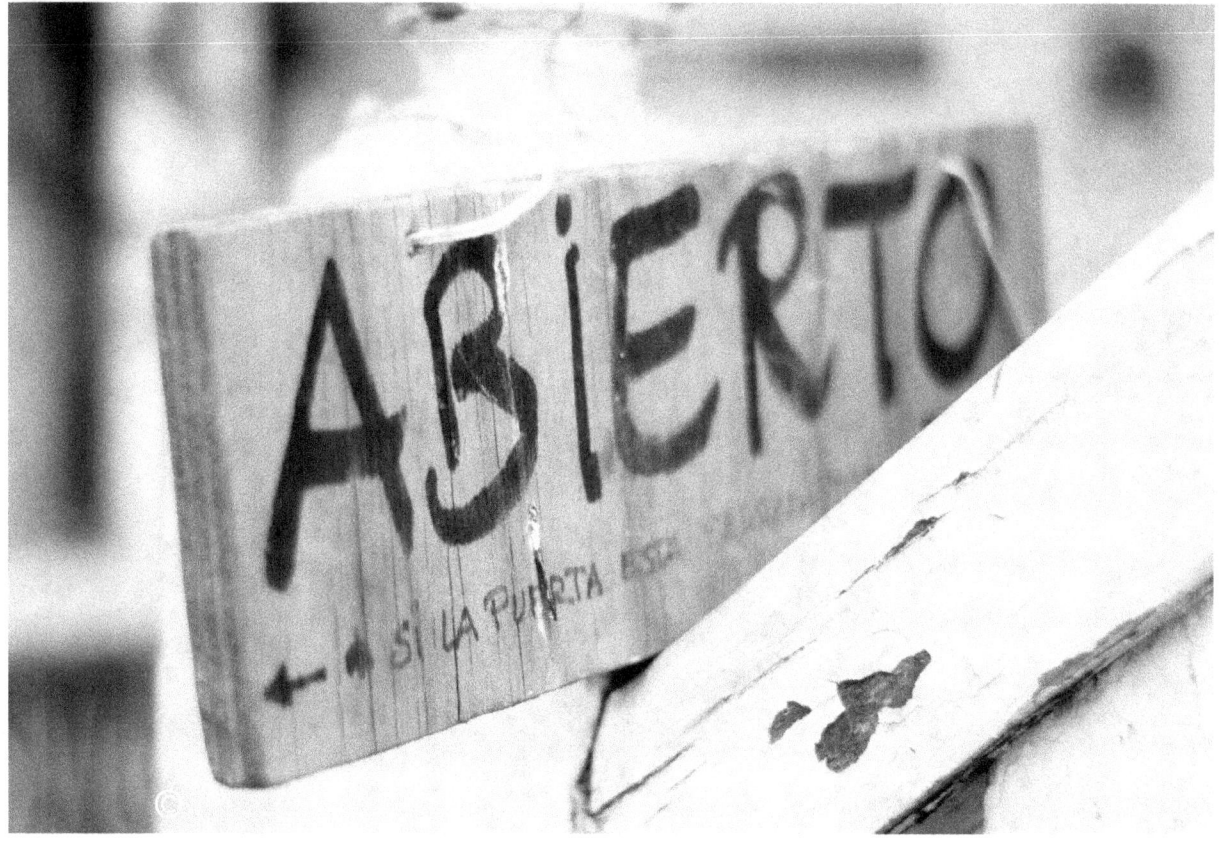

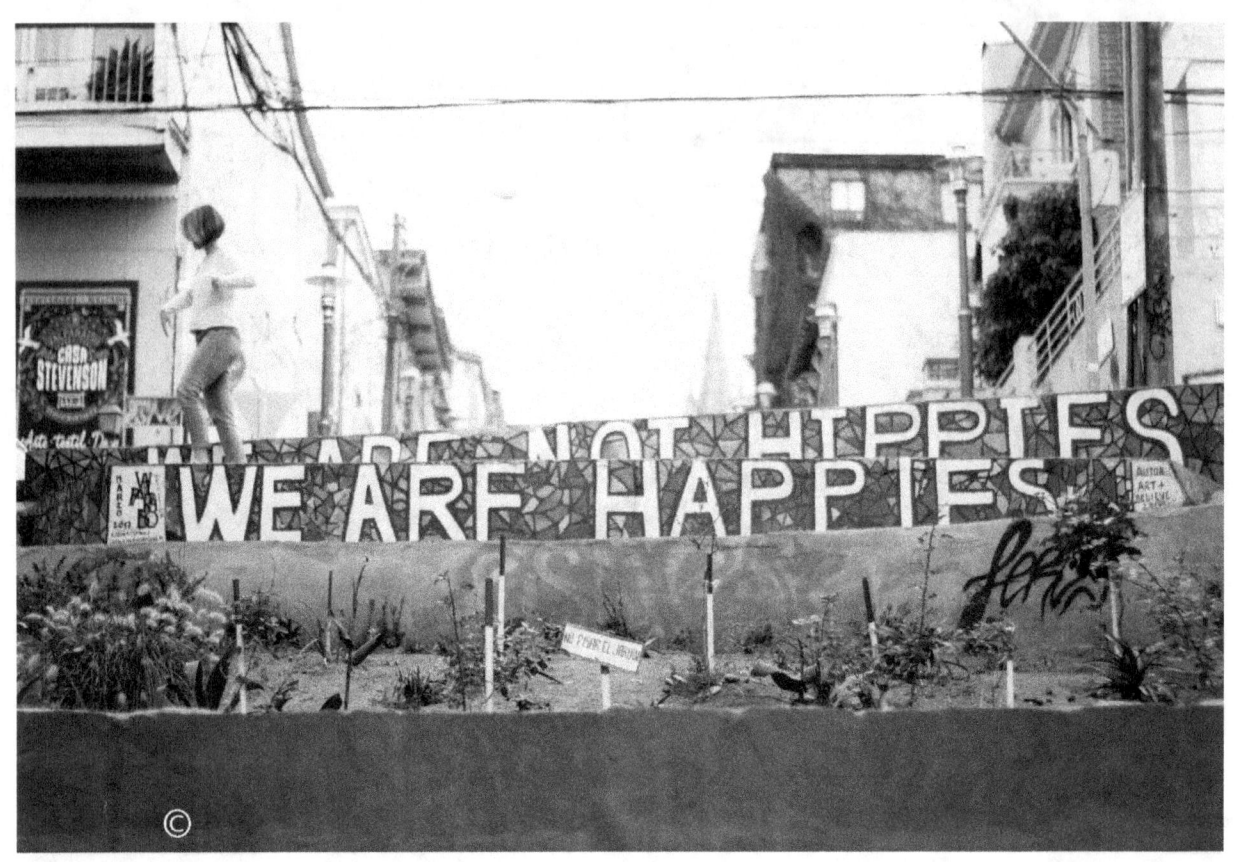

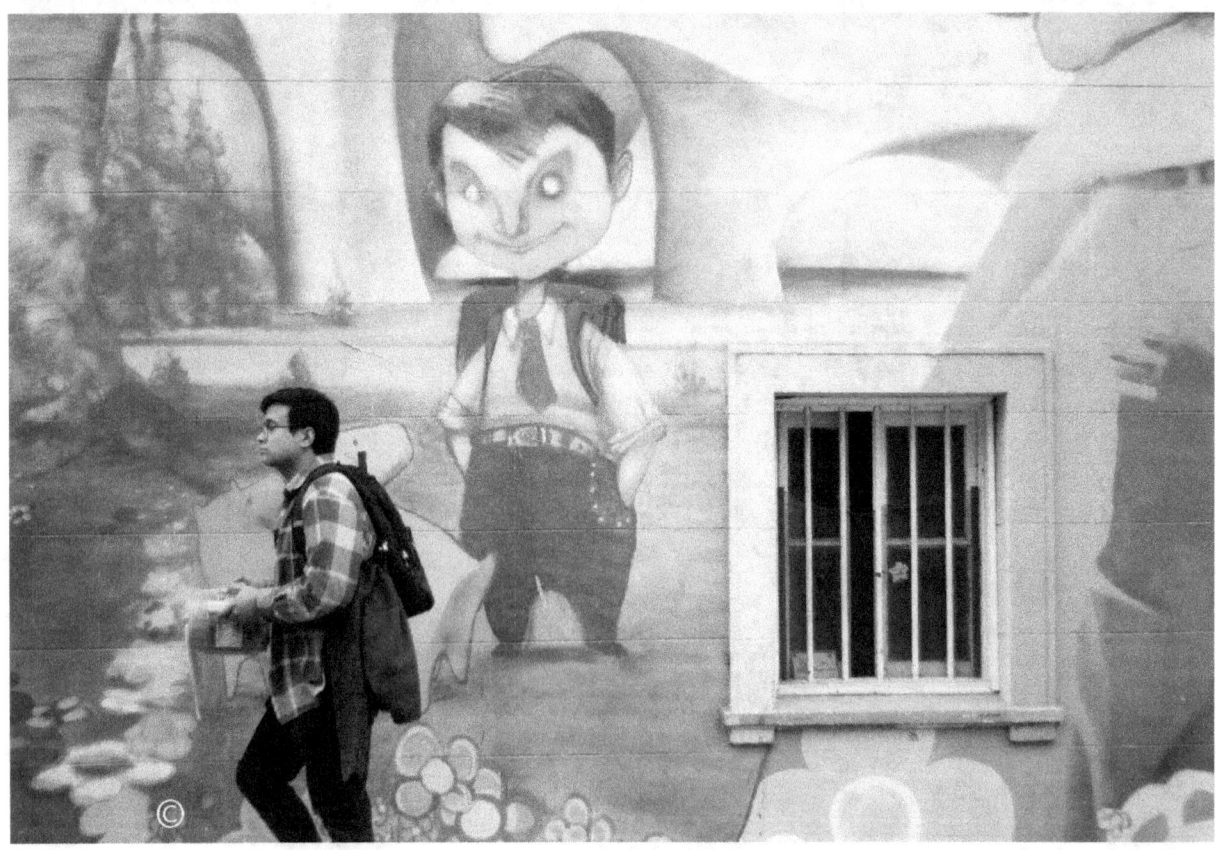

"Es paradójico, cuando nuestra capacidad de "percibir" la realidad cambia, la vida frente a nosotros cambia. Nuevas versiones de la realidad pueden mostrarse a través del lente fotográfico a través de esa *ventana de luz* que es el obturador".

"It is paradoxical, when our capacity of " perceiving " the reality changes, life in front of us changes. New versions of reality can be shown through the photographic lens through that window of light that is the shutter".

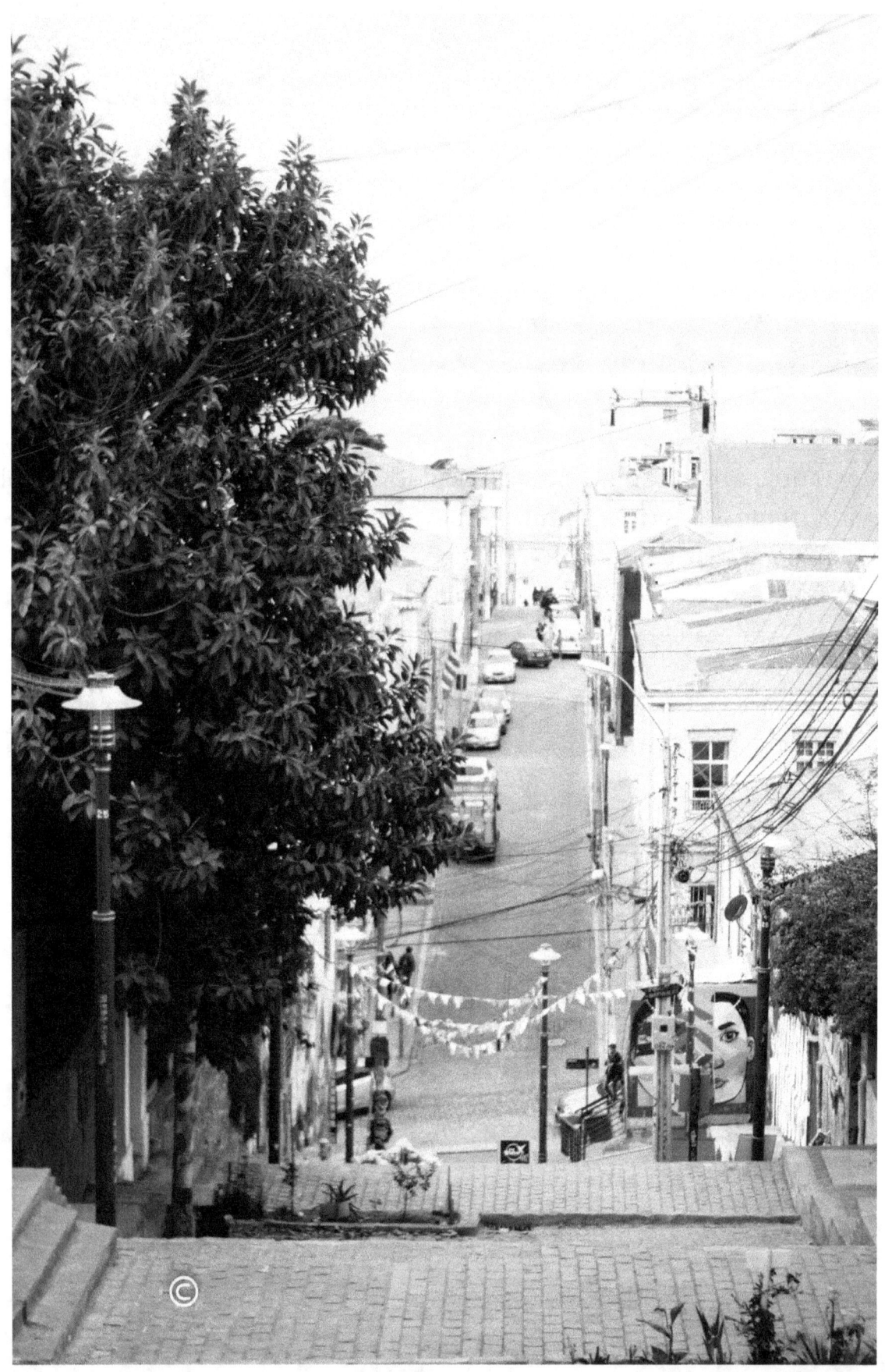

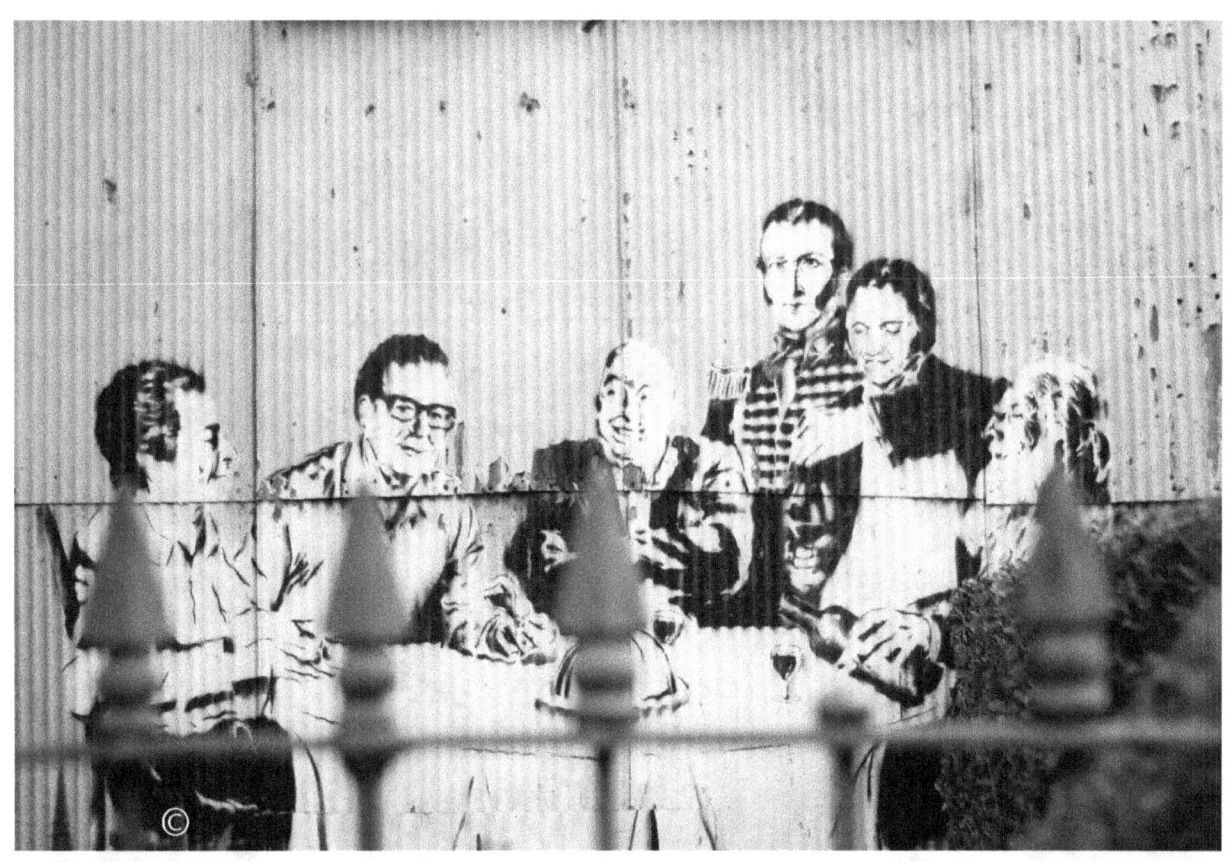

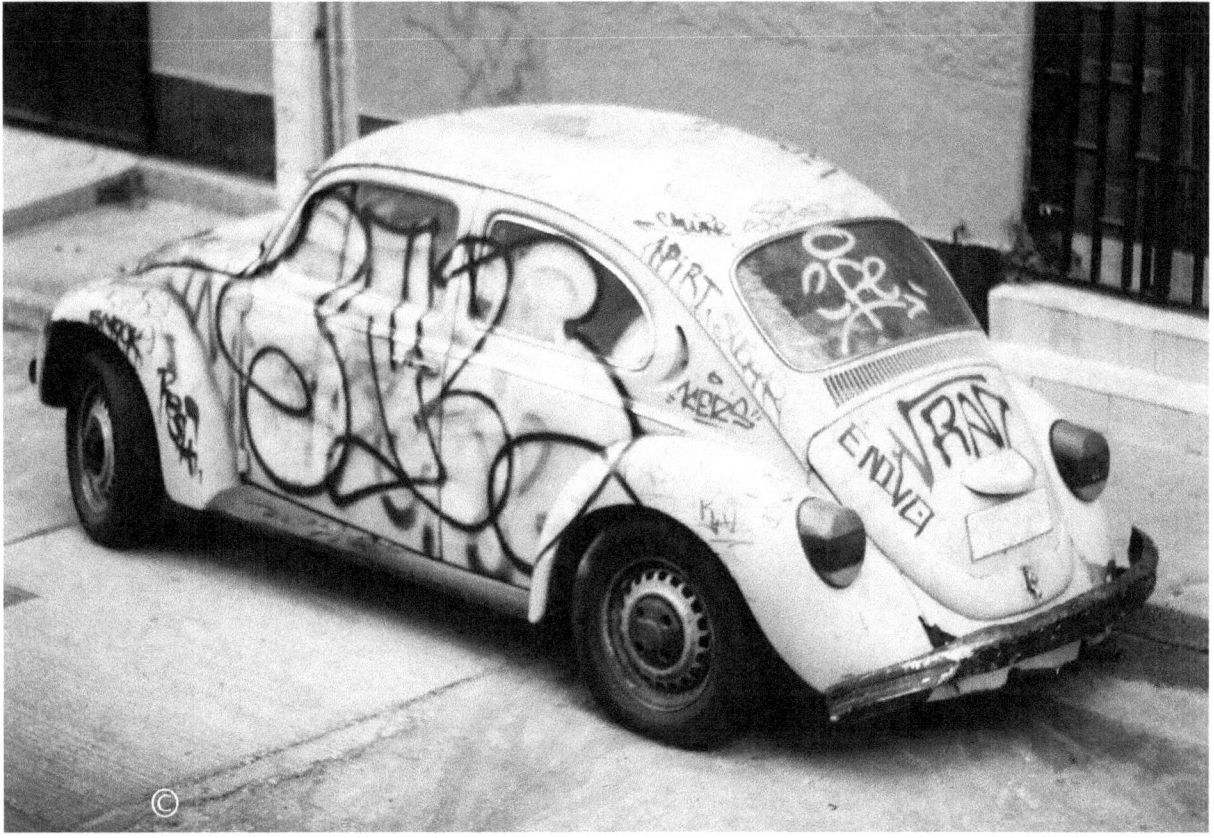

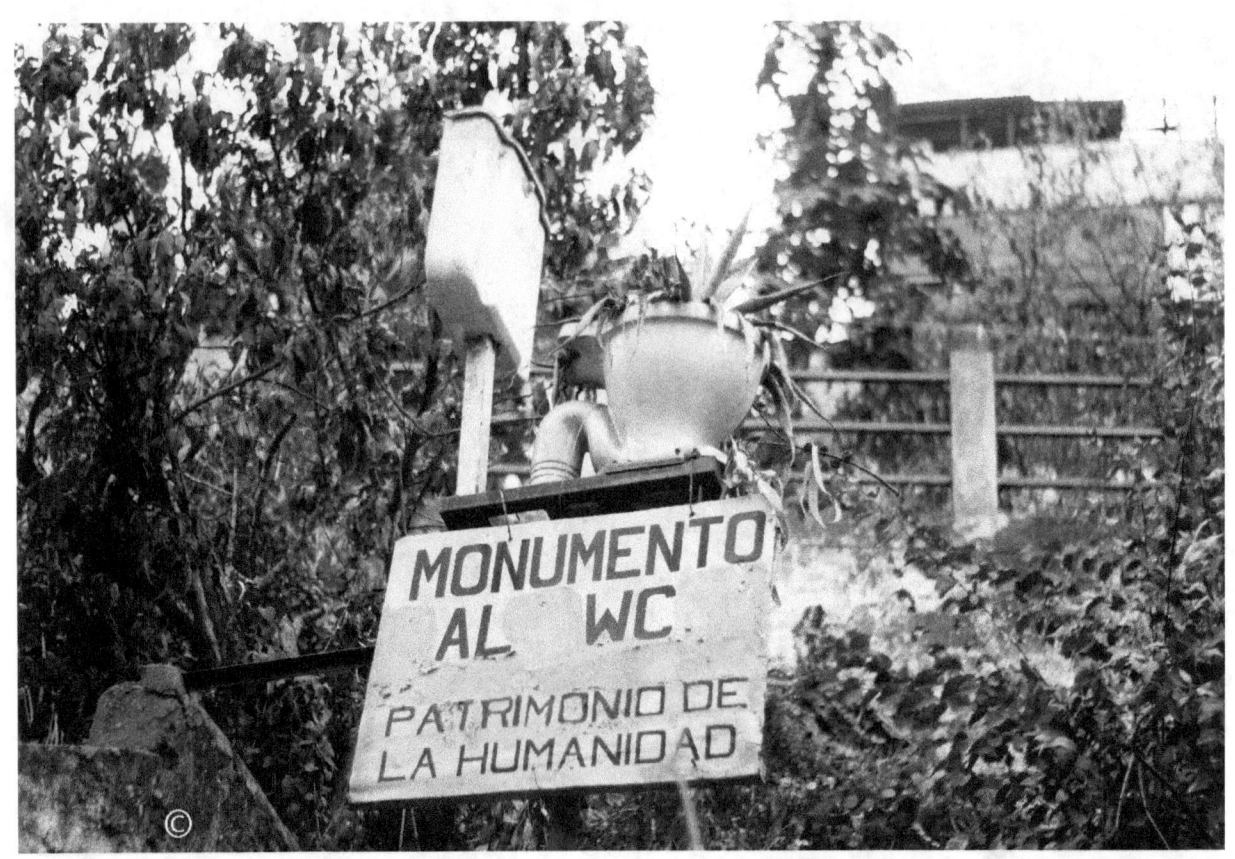

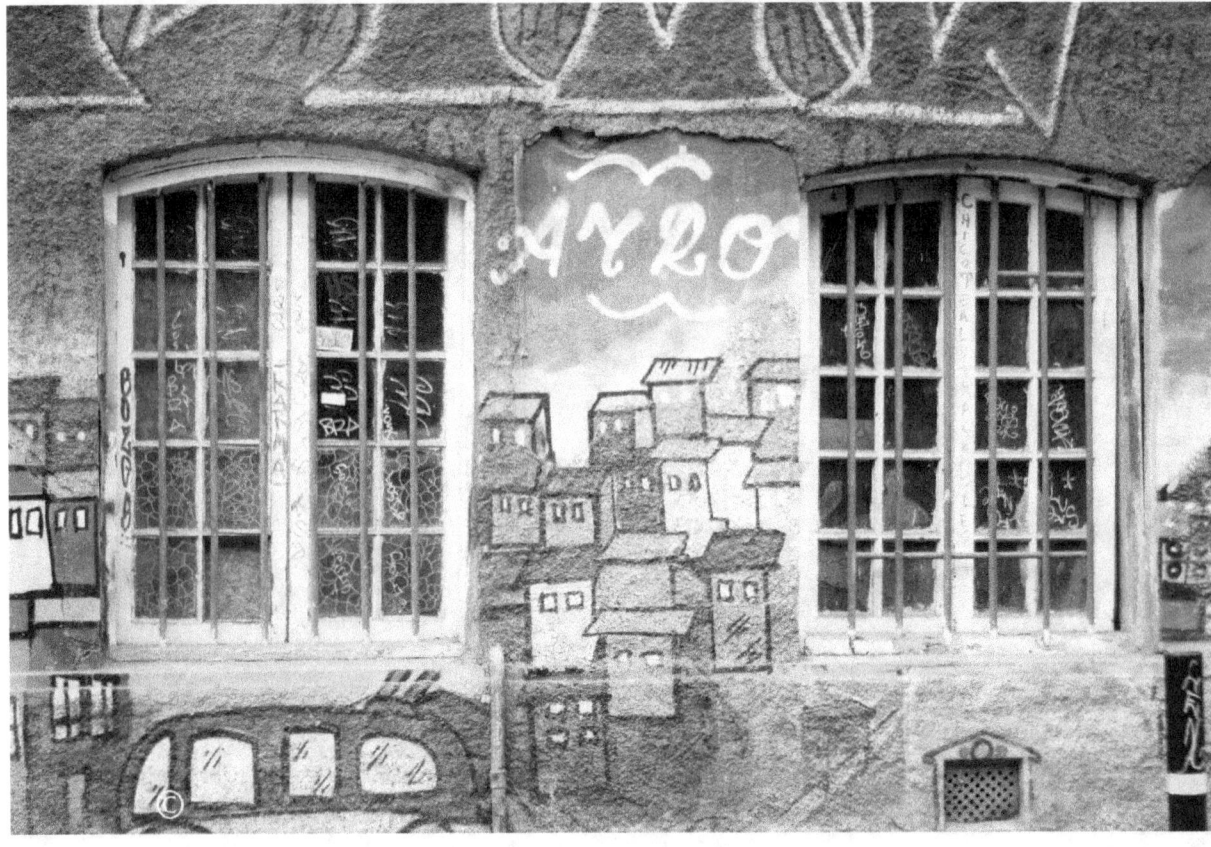

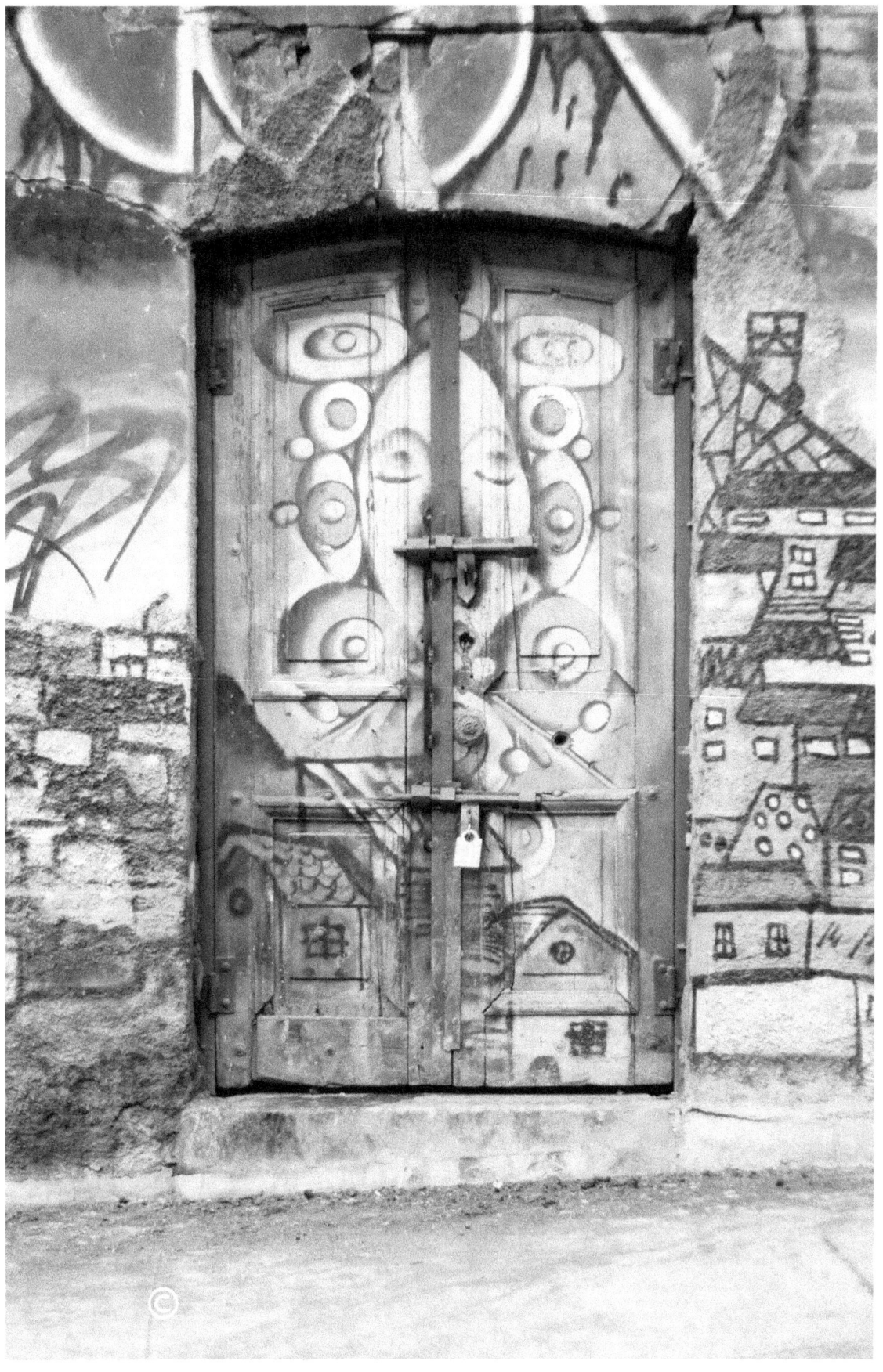

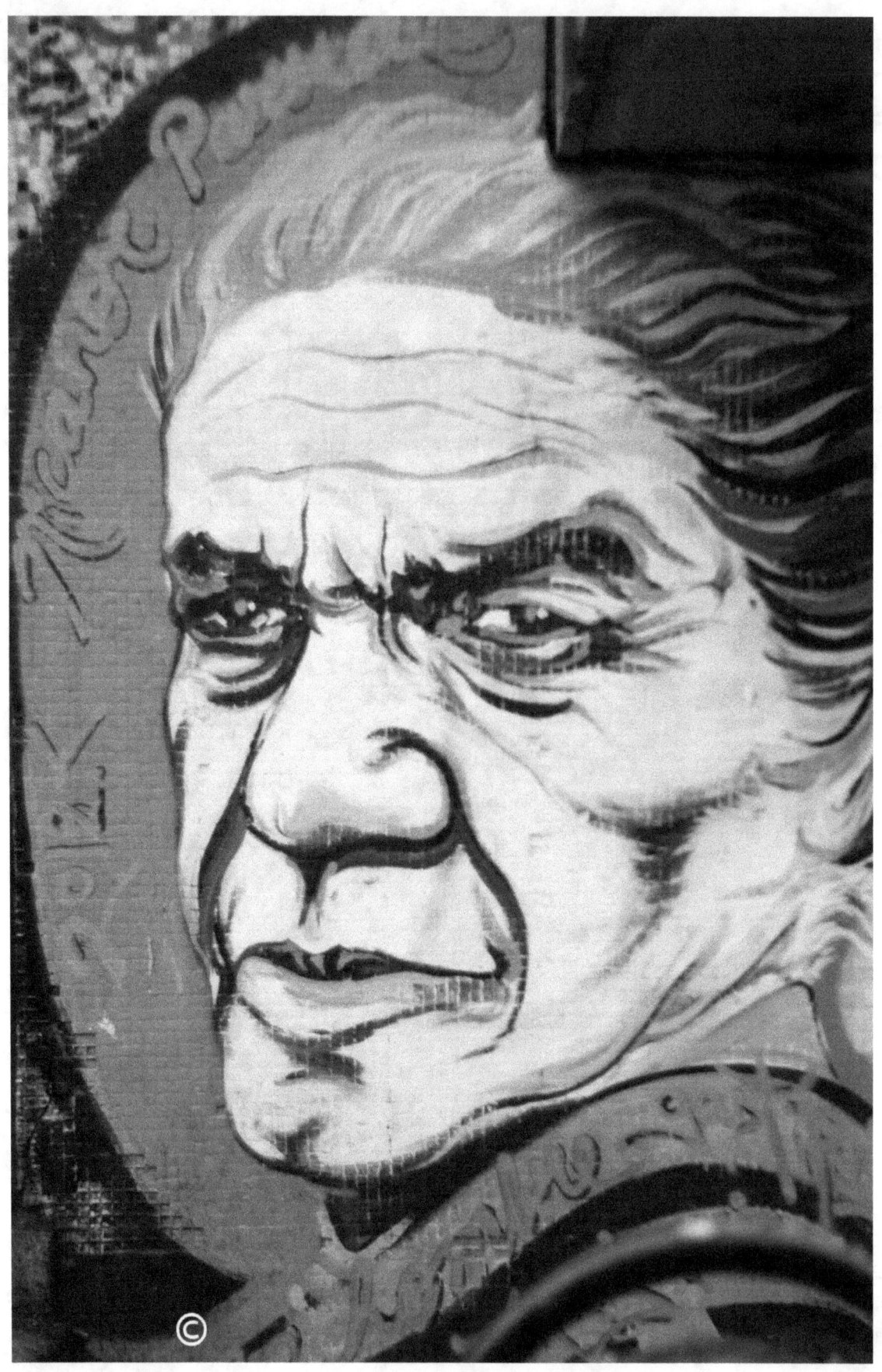

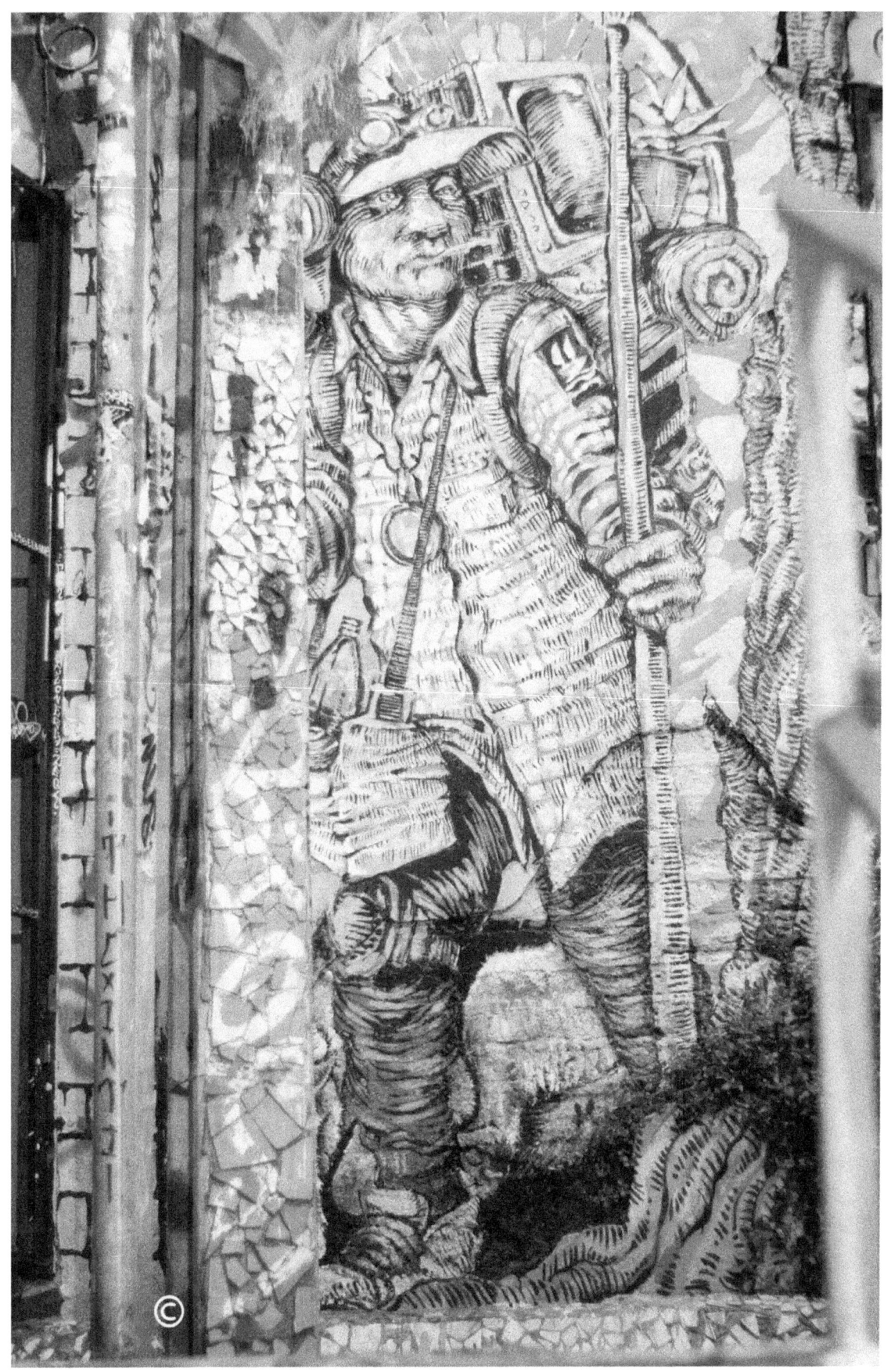

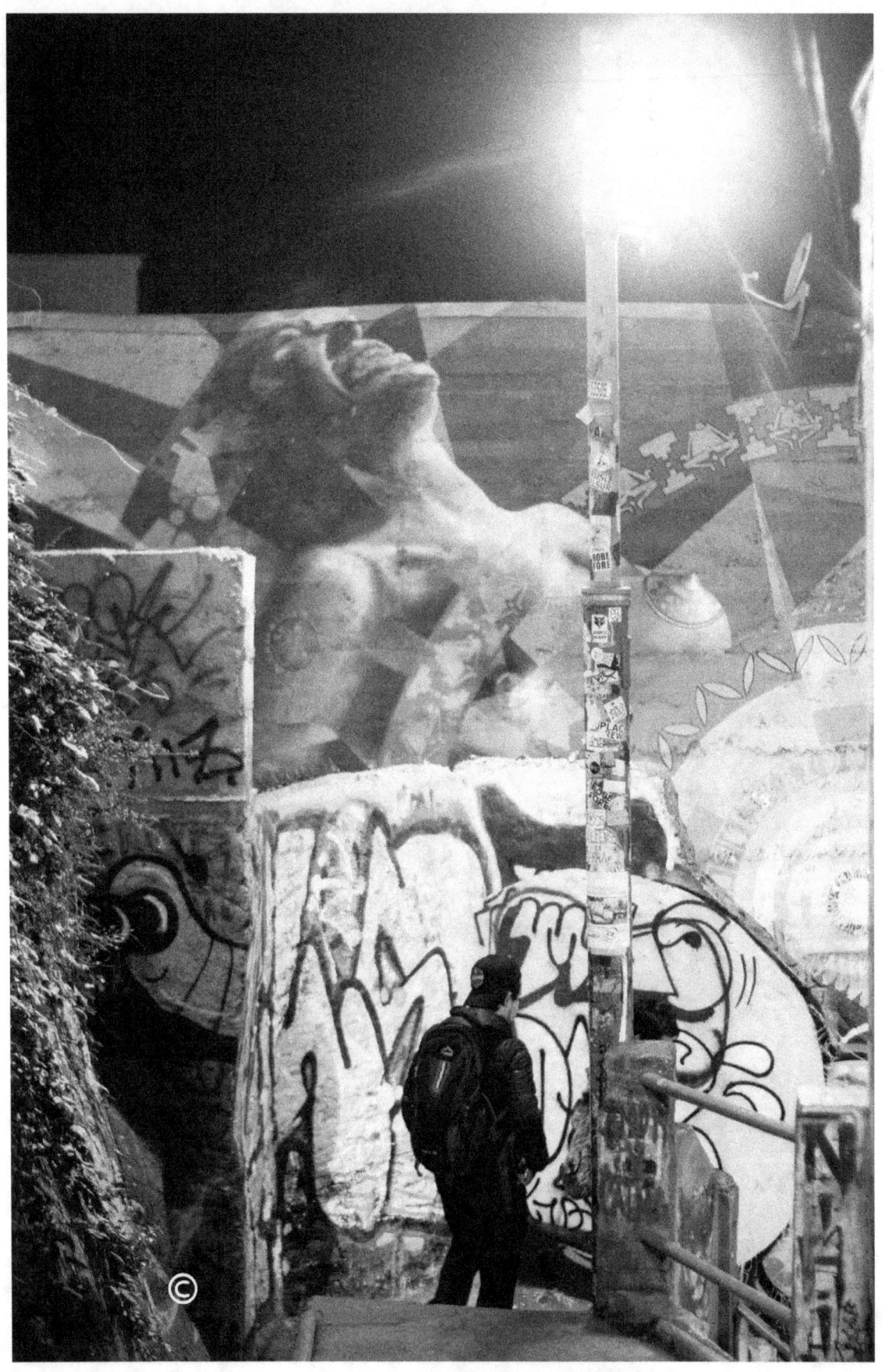

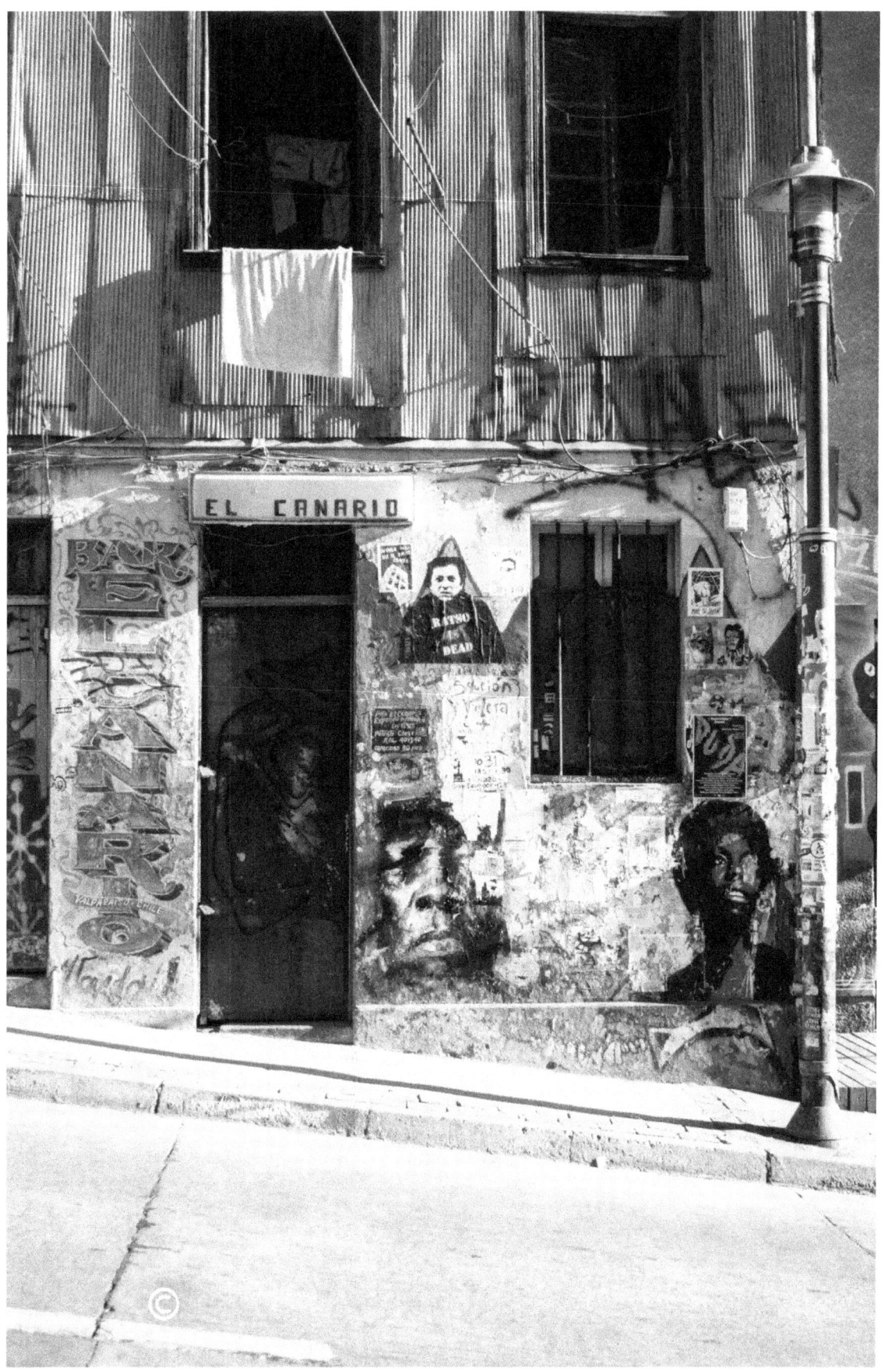

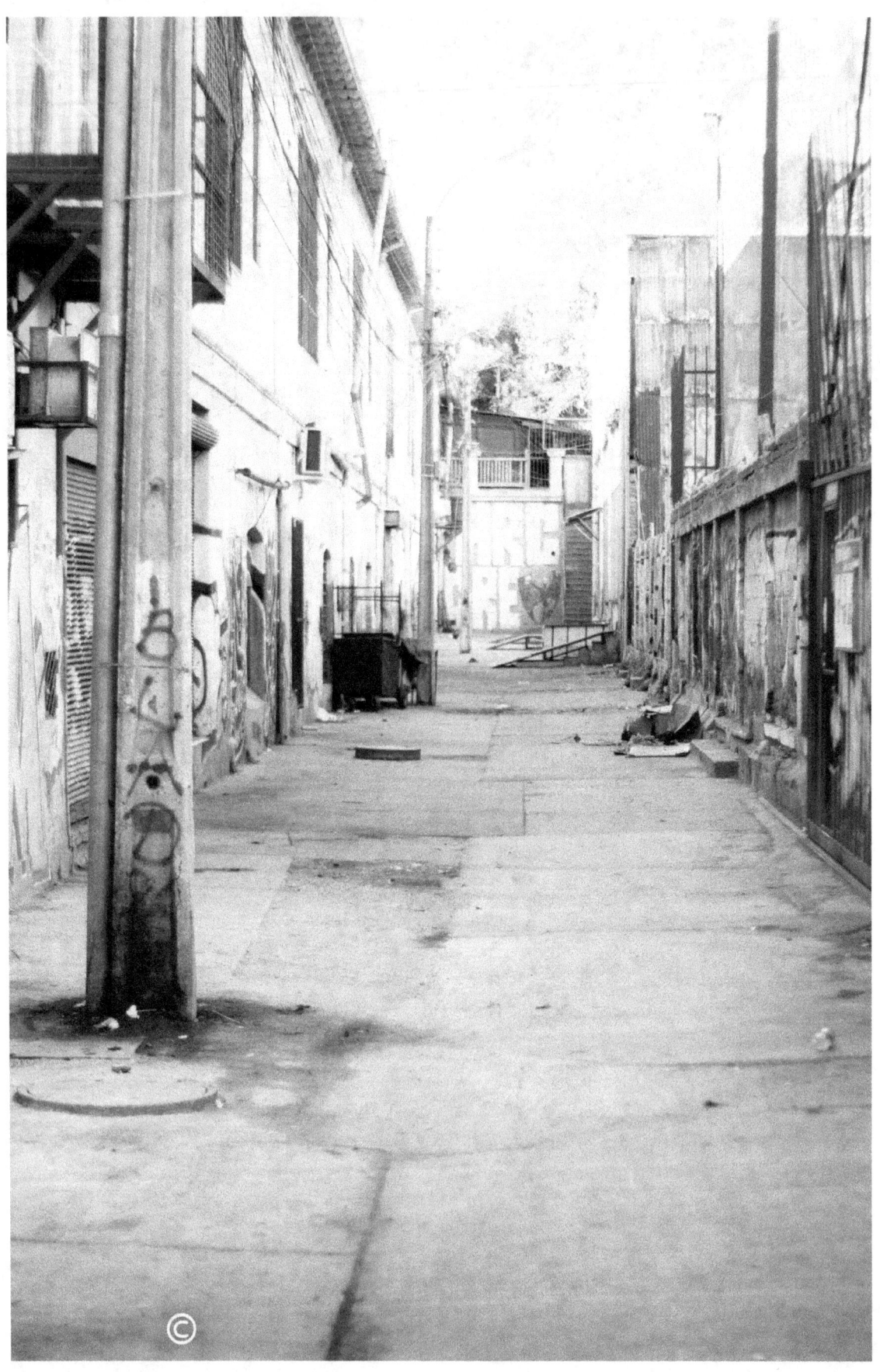

"Cuando buscamos una toma fotográfica o el encuadre adecuado no sólo componemos la escena, sino que también buscamos fuera de nuestra mente, en el mundo exterior, una visión material de todo aquello que somos; lo que nos gusta o todo aquello que deseamos cambiar en el medio externo en base a nuestras concepciones y valores personales".

"When we look for a photographic shot or the appropriate framing we not only compose the scene, but we also look outside of our mind, in the outside world, for a material vision of everything we are; what we like or everything we want to change in the external environment based on our personal conceptions and values".

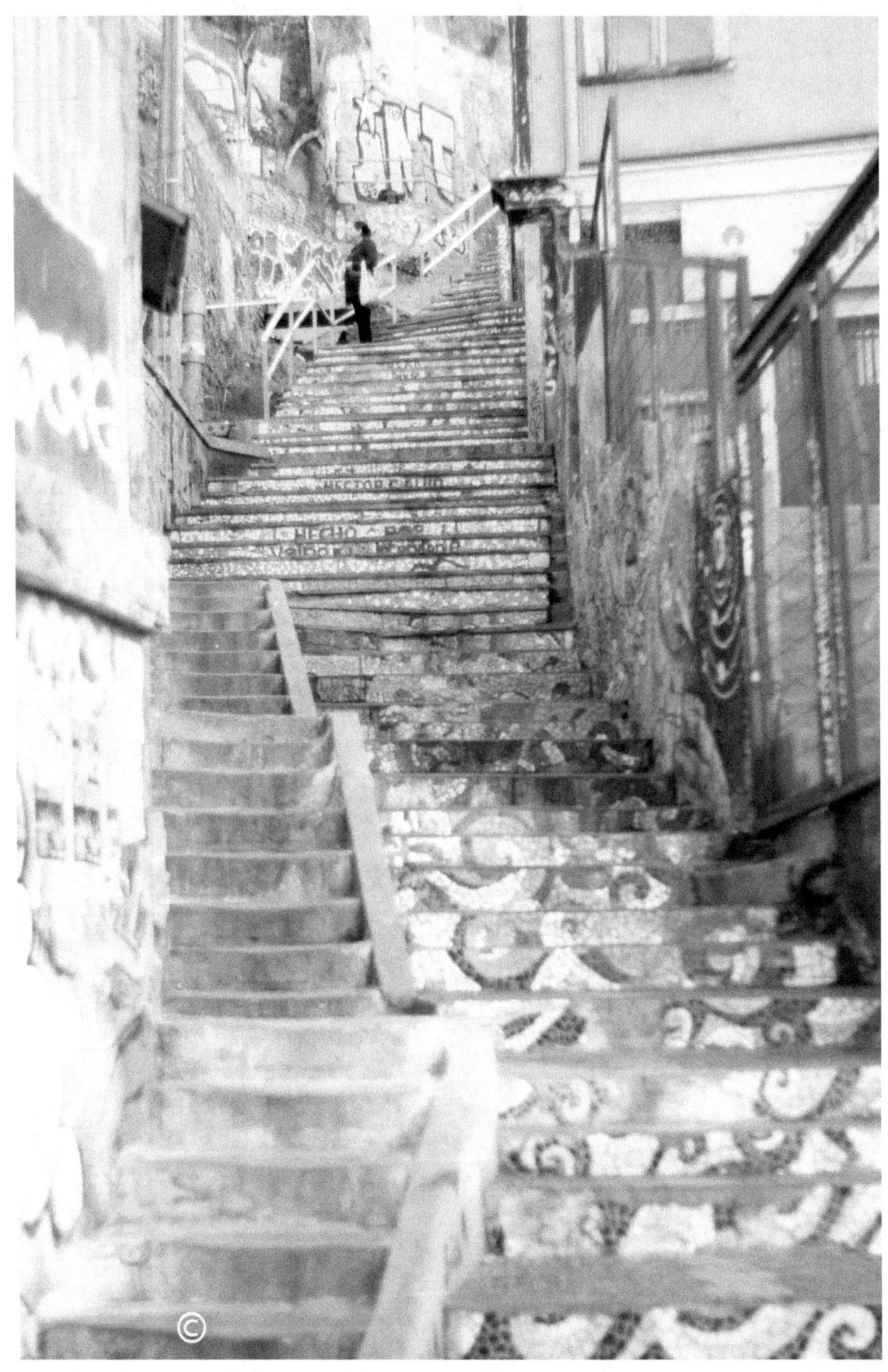

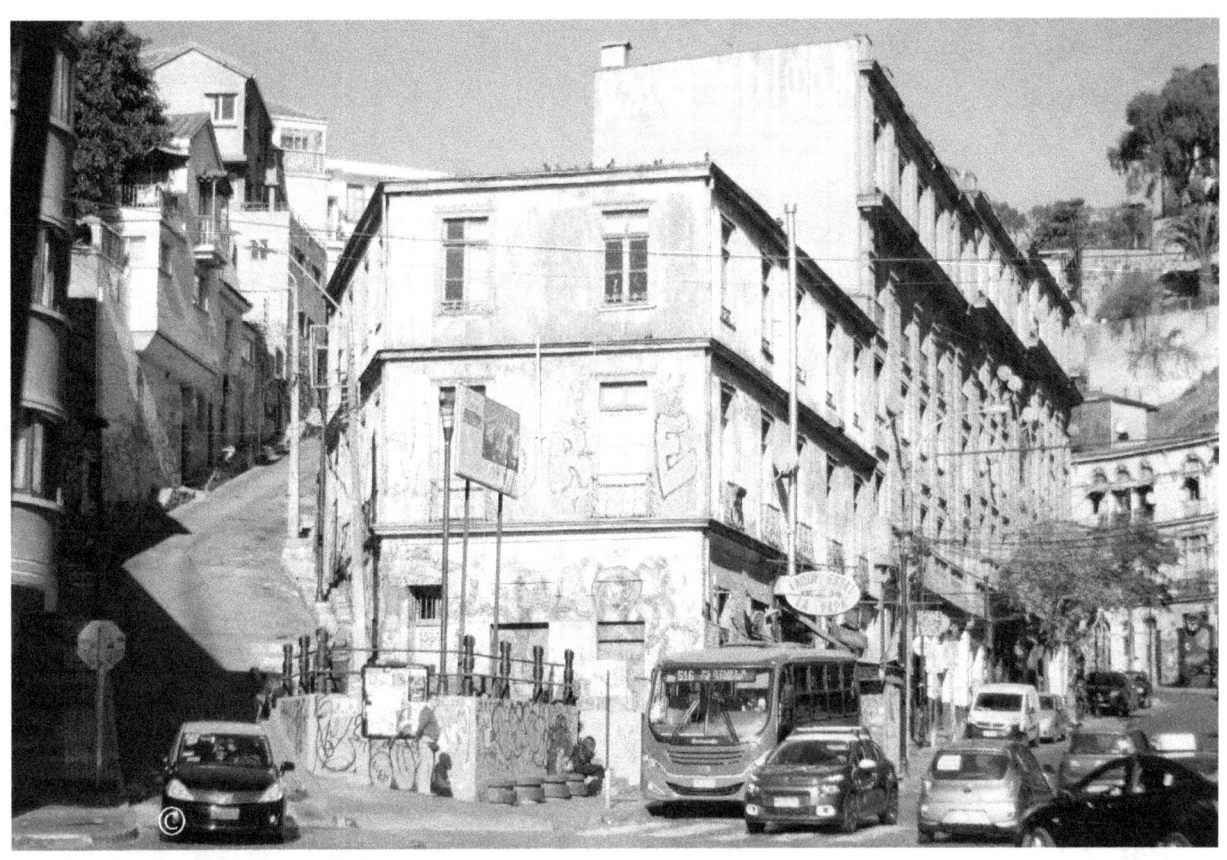

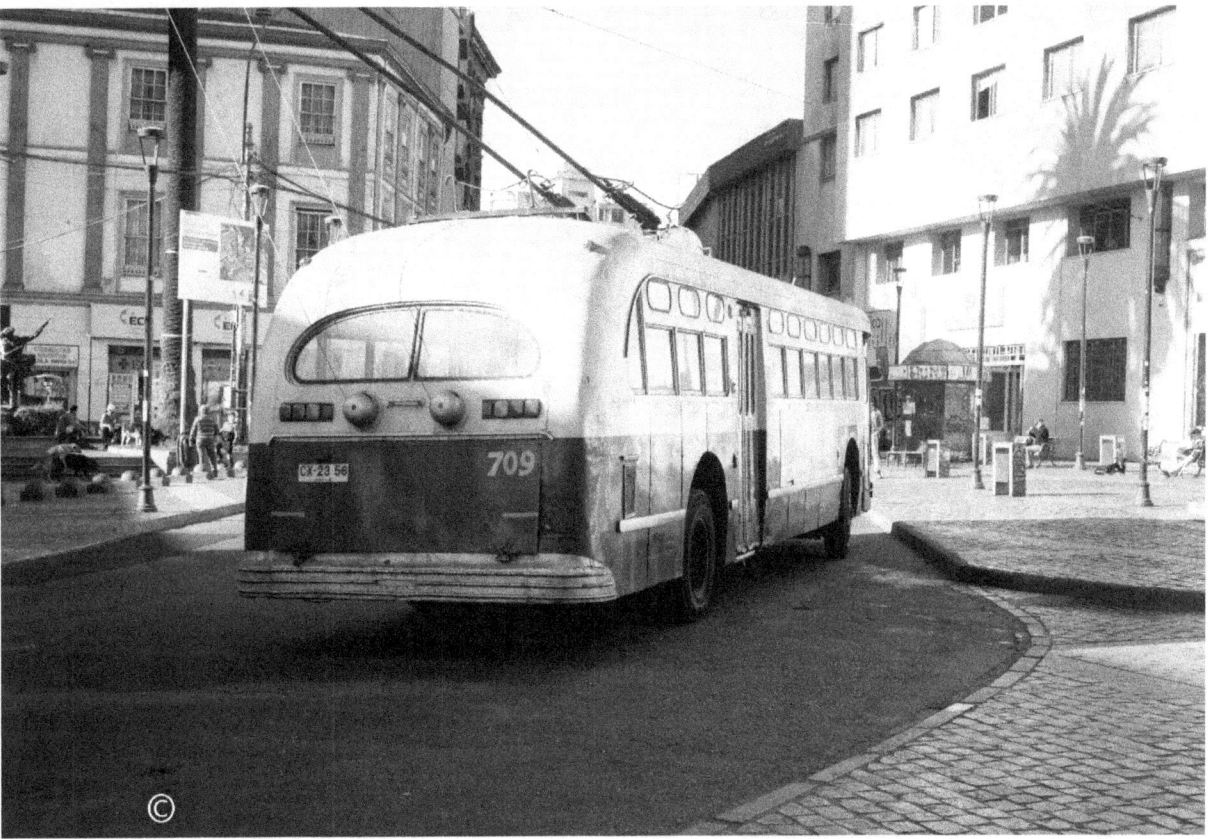

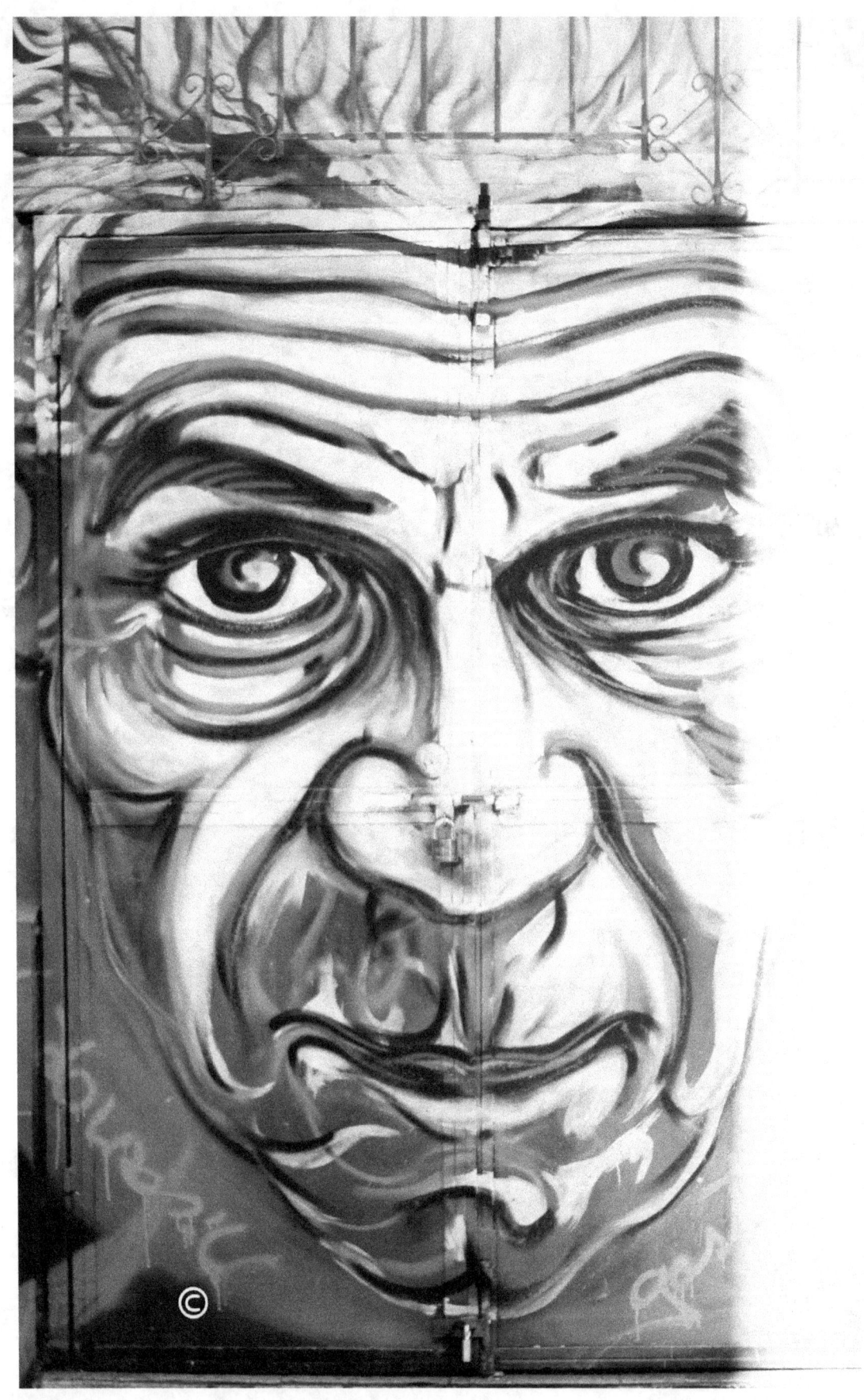

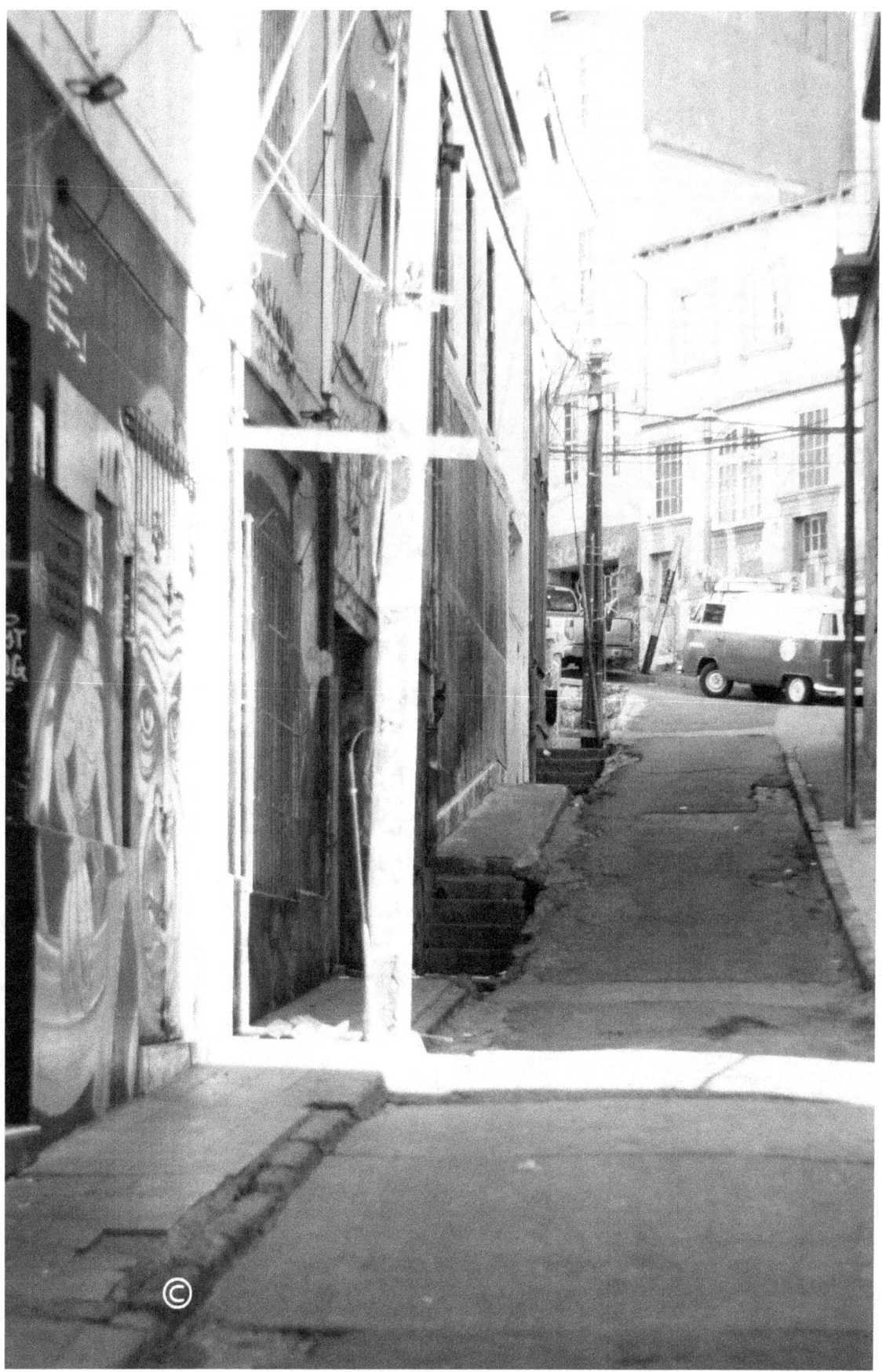

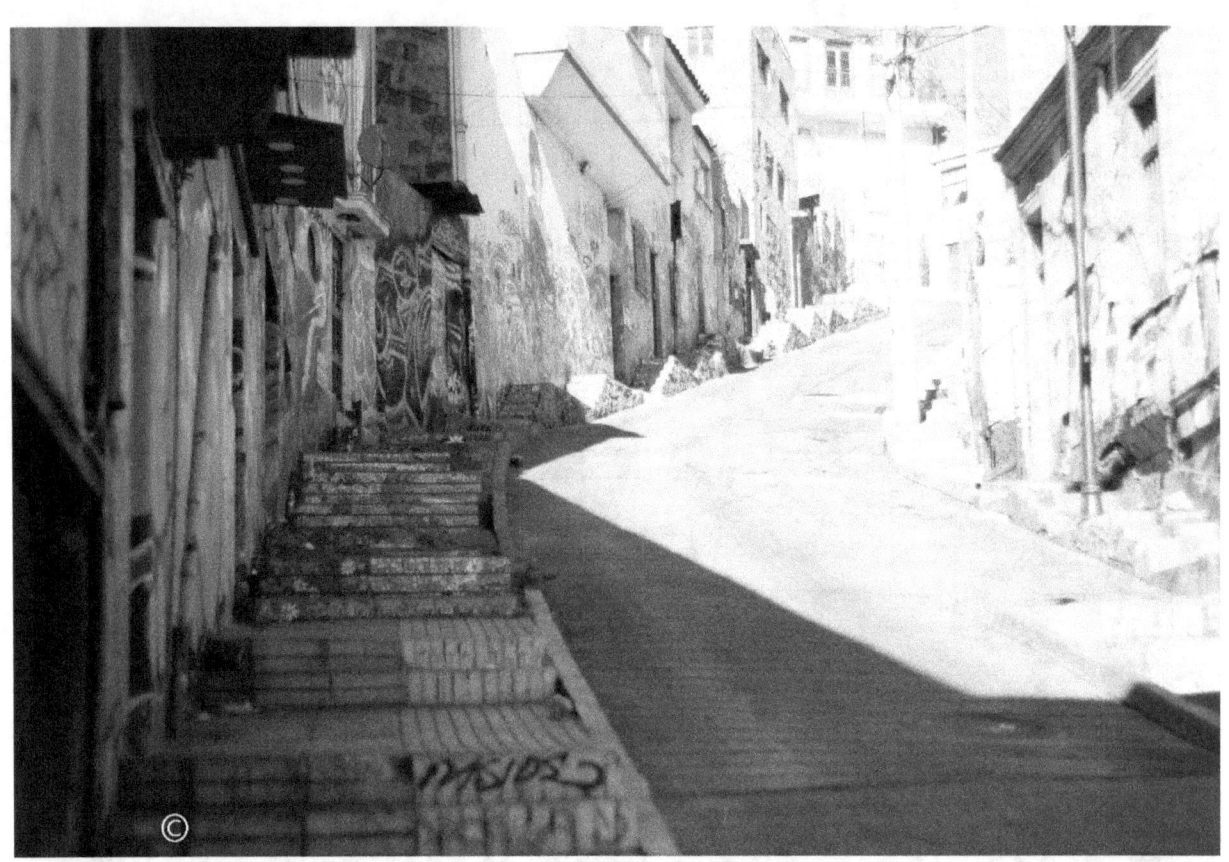

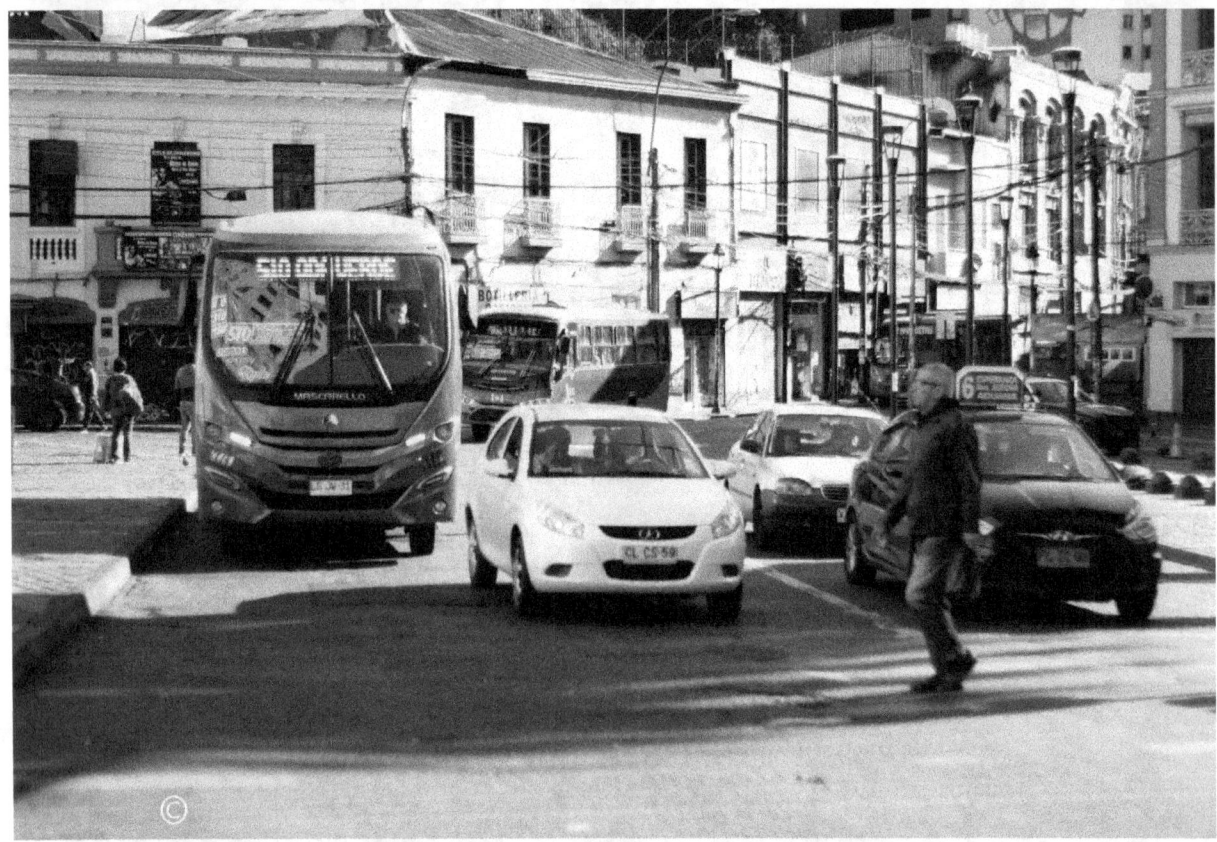

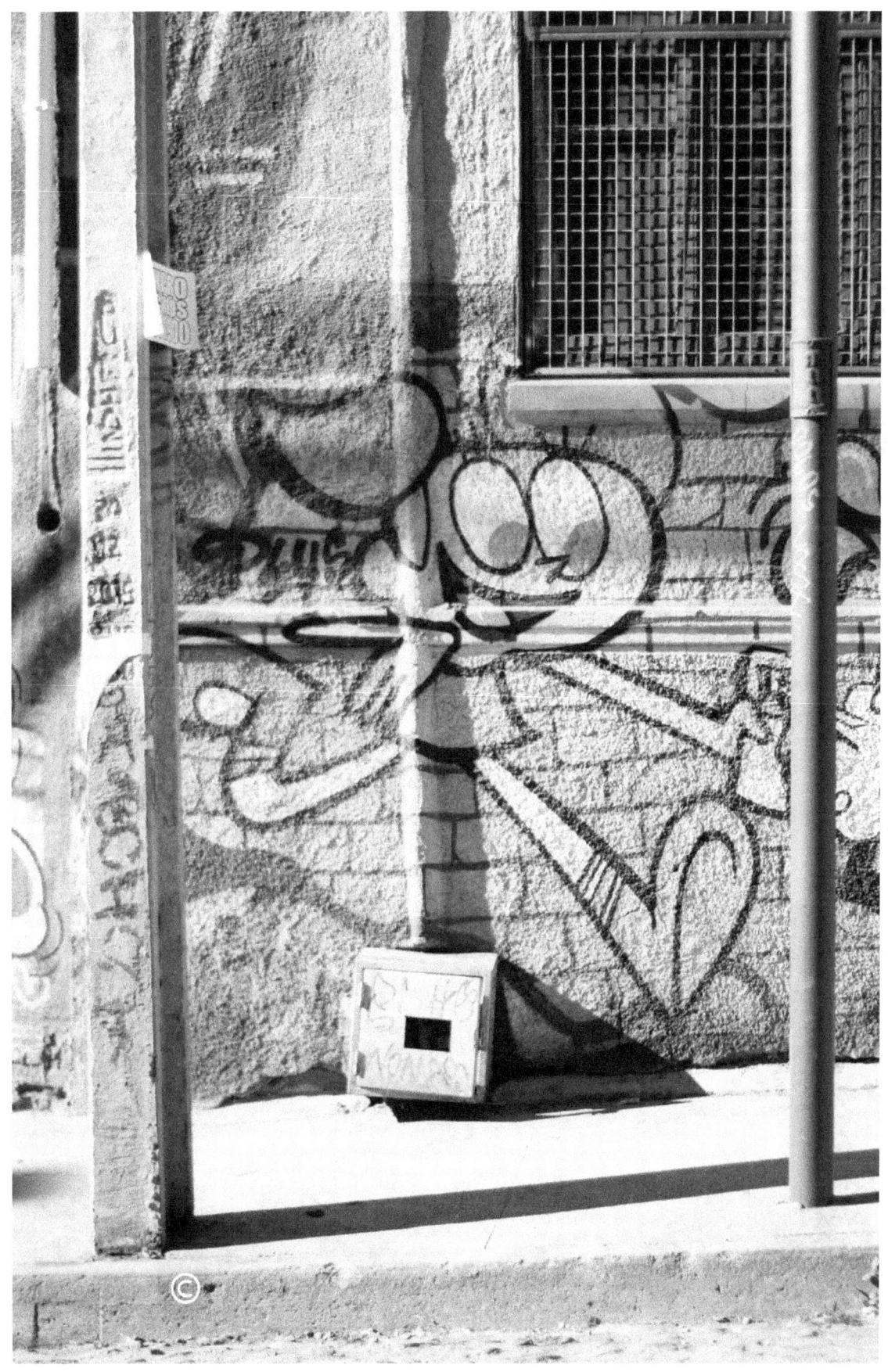

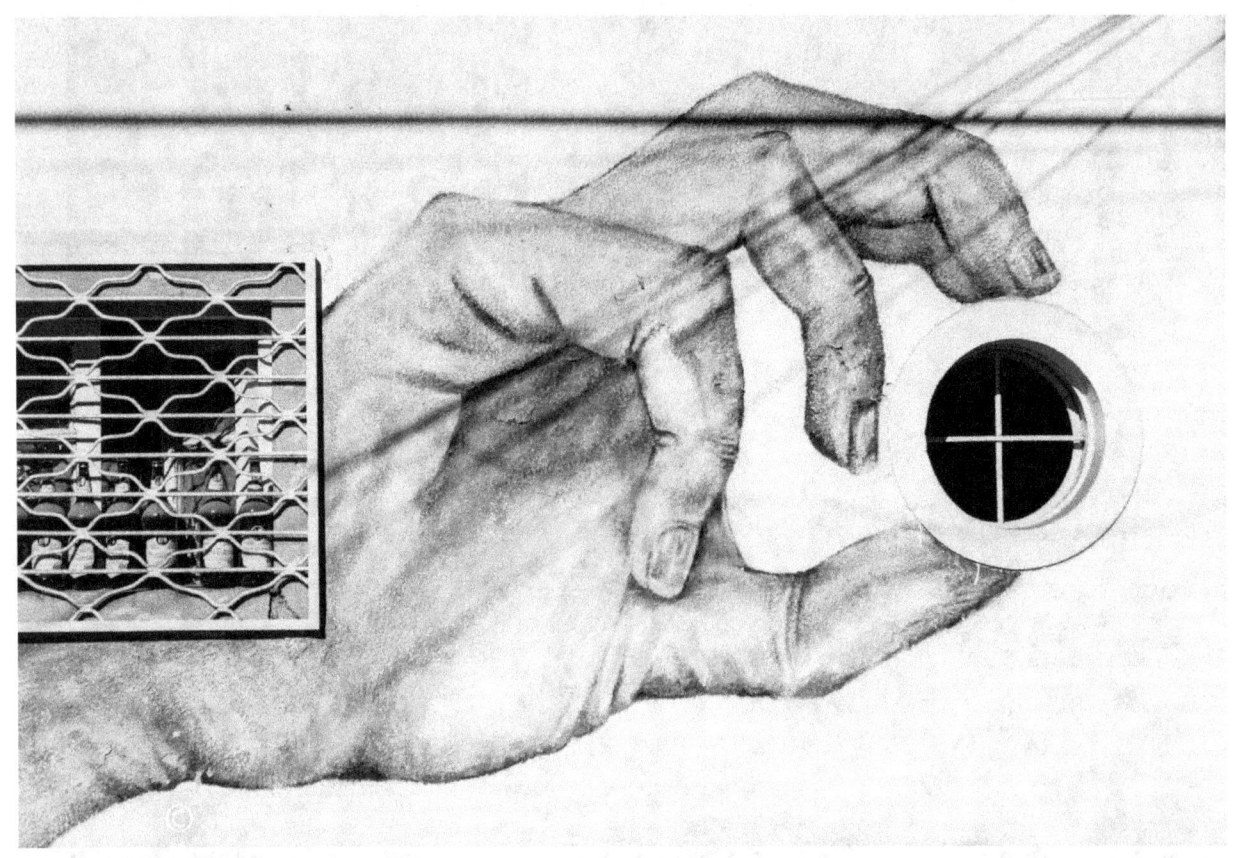

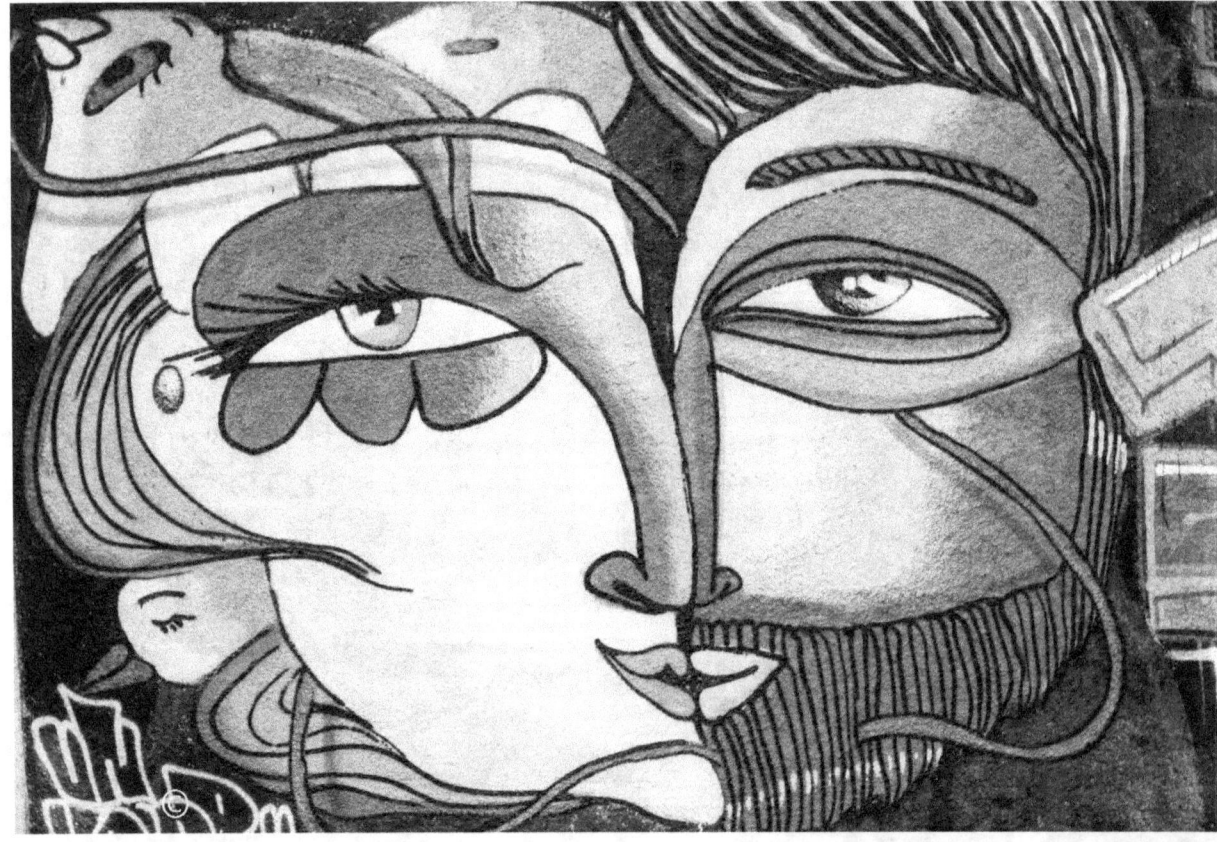

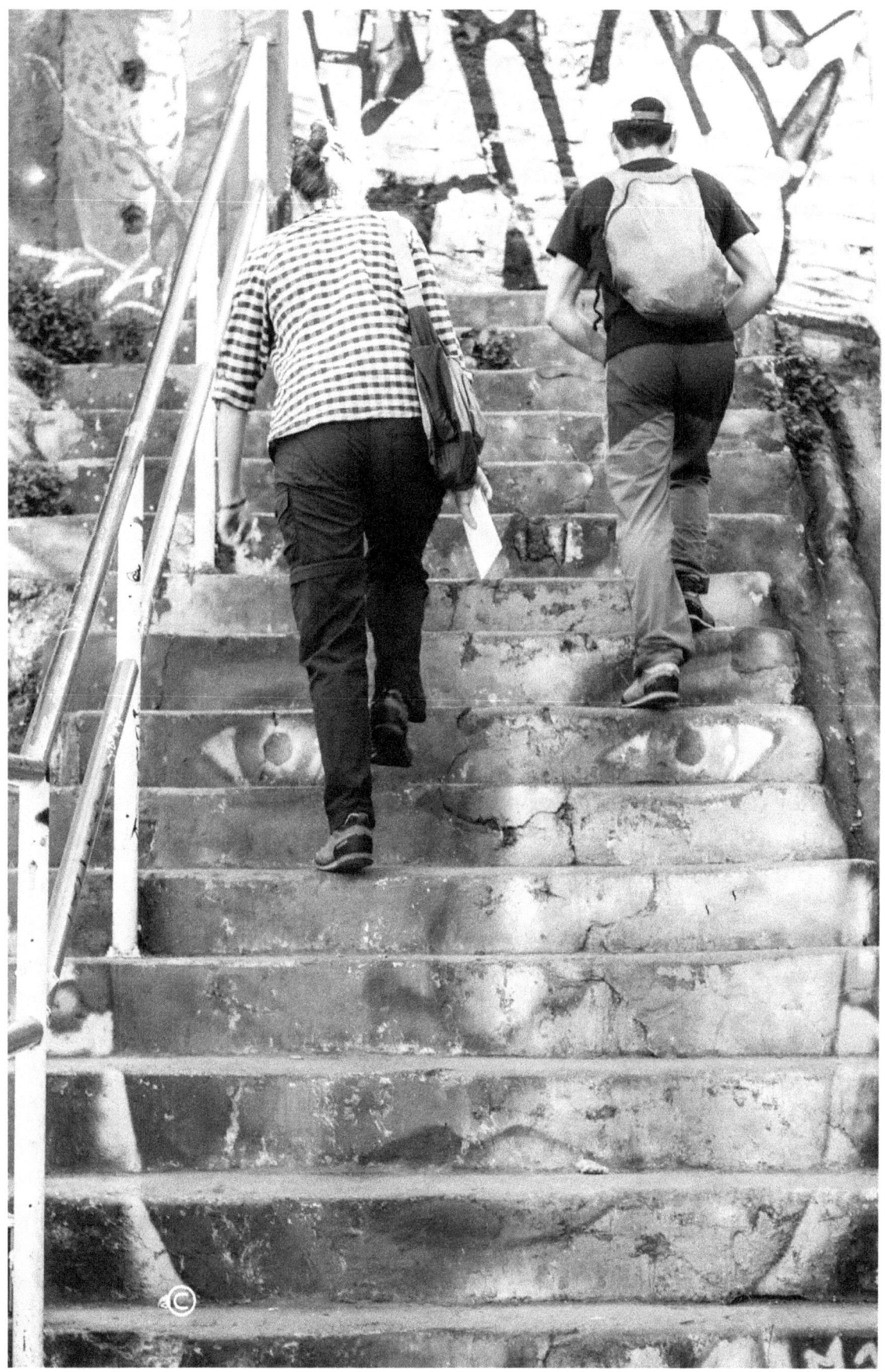

"Por medio de la fotografía mostramos al mundo aquello que para otros es imperceptible, aquellos detalles en el puente de la vida que la gente no ve. Hacemos ver otras realidades imperceptibles para otras personas debido a nuestro individualismo y a nuestra irreal percepción de los mundos separados. Ello nos ha vuelta incapaces de ver todo aquello que se encuentra fuera del espectro visual de nuestras aspiraciones y deseos".

"Through photography, we show the world what for others is imperceptible, those details on the bridge of life that people do not see. We make other realities imperceptible to other people due to our individualism and our unreal perception of the separated worlds. This has rendered us incapable of seeing everything that is outside the visual spectrum of our aspirations and desires".

Region of Valparaiso, the jewel of pacific the sailor say

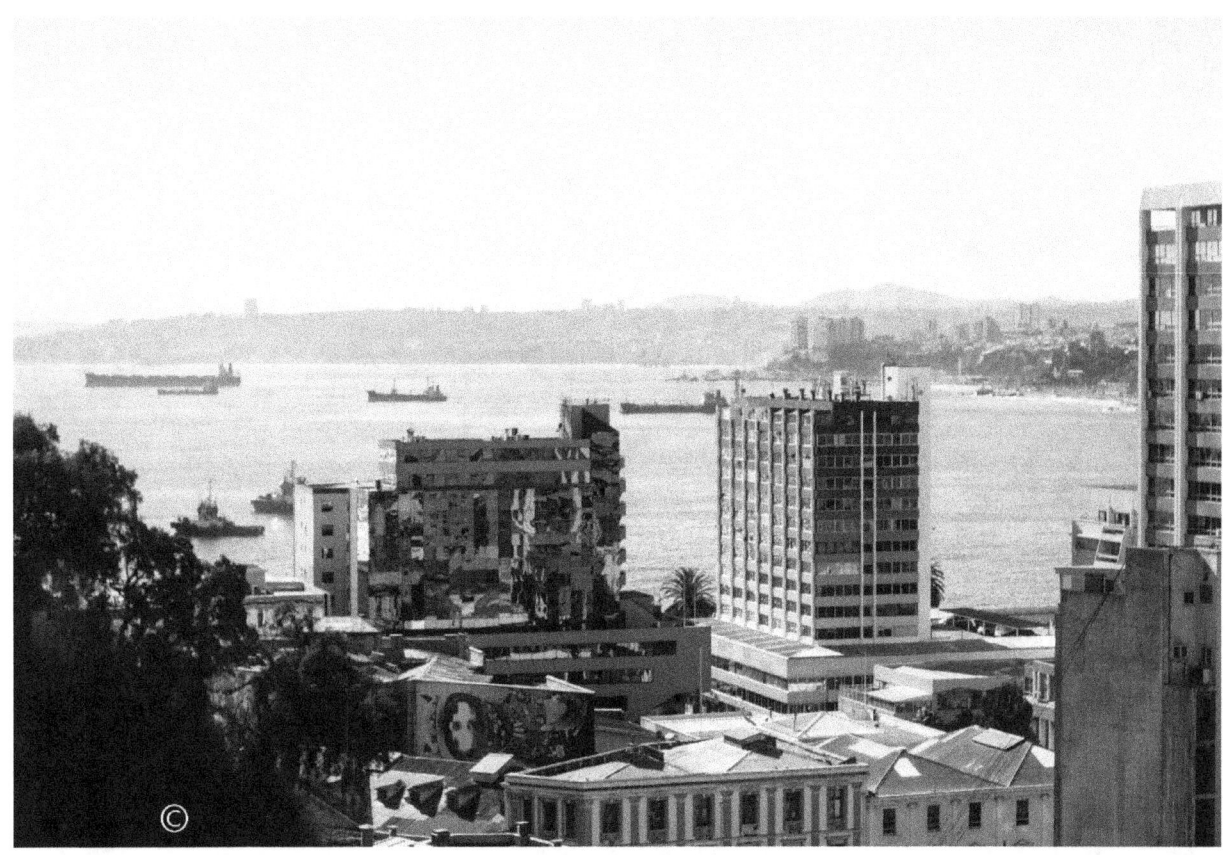

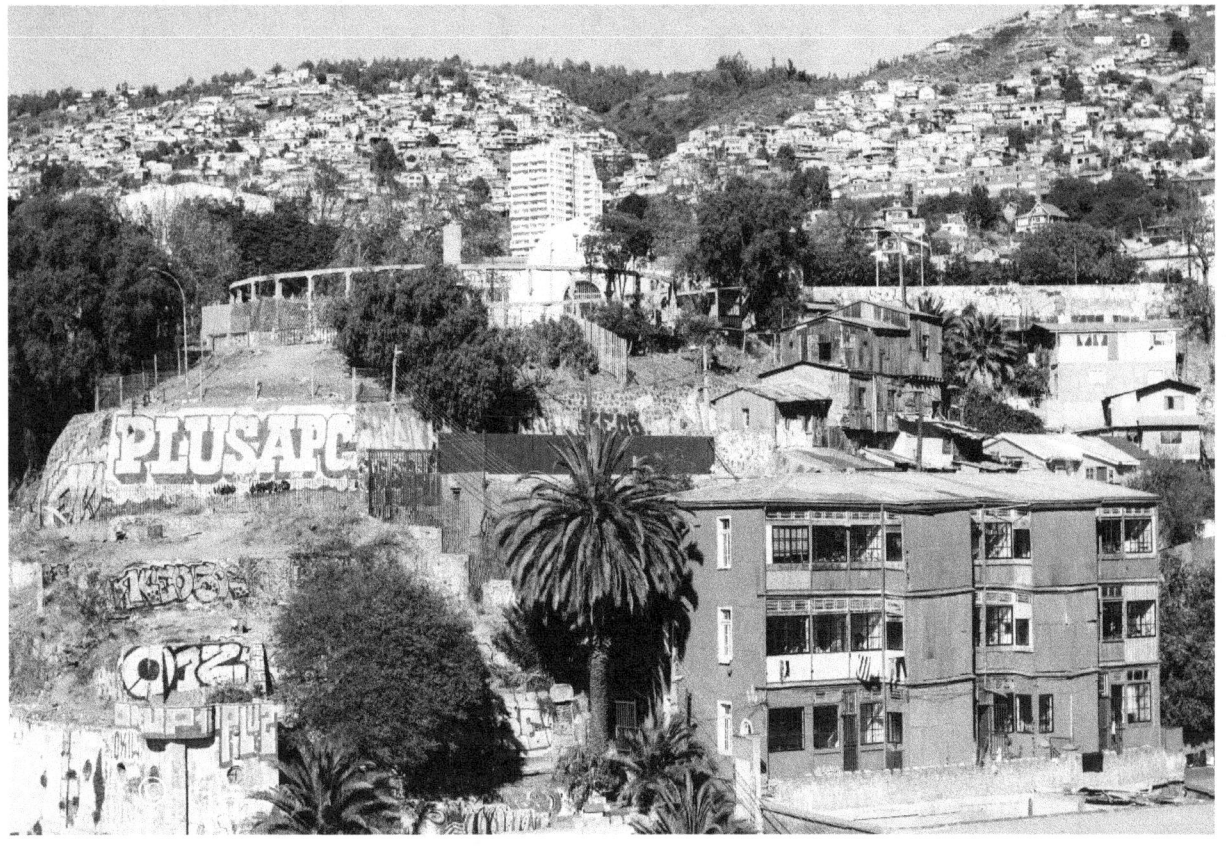

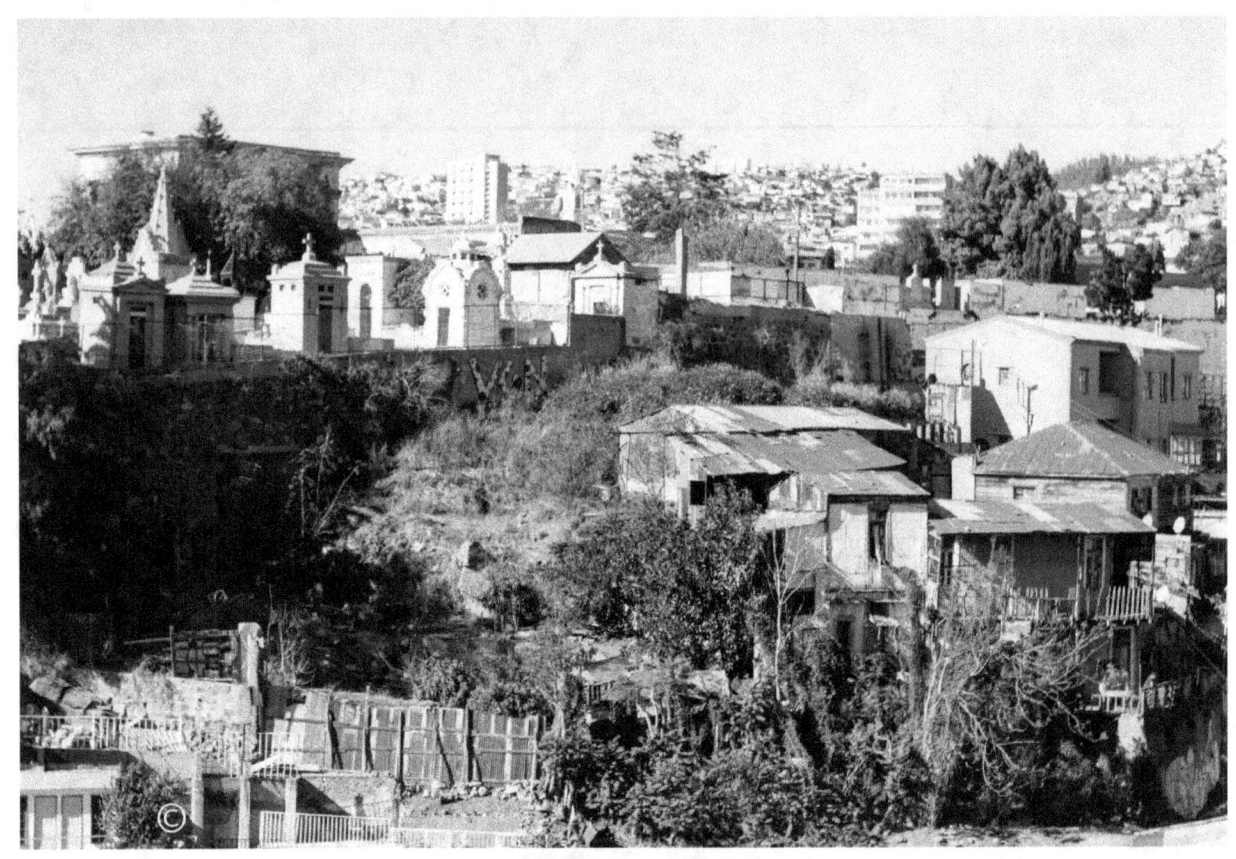

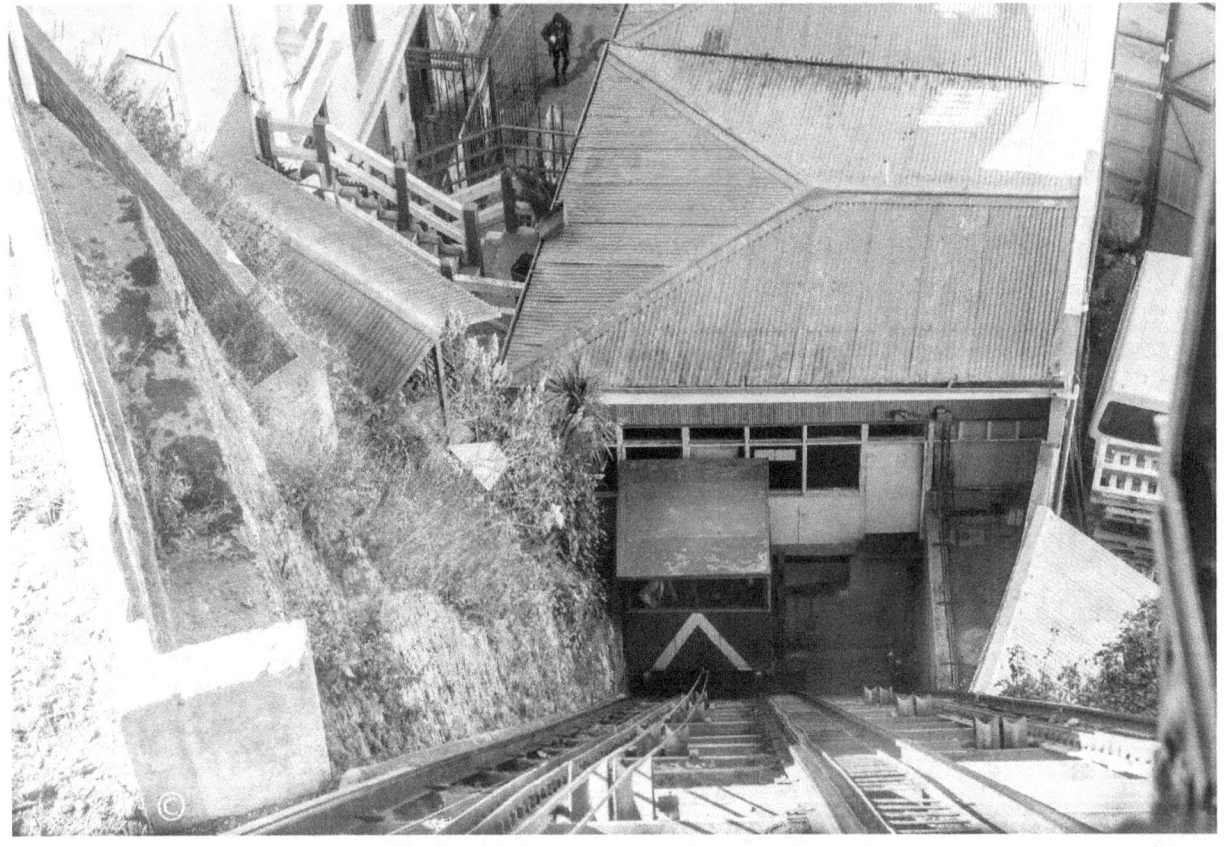

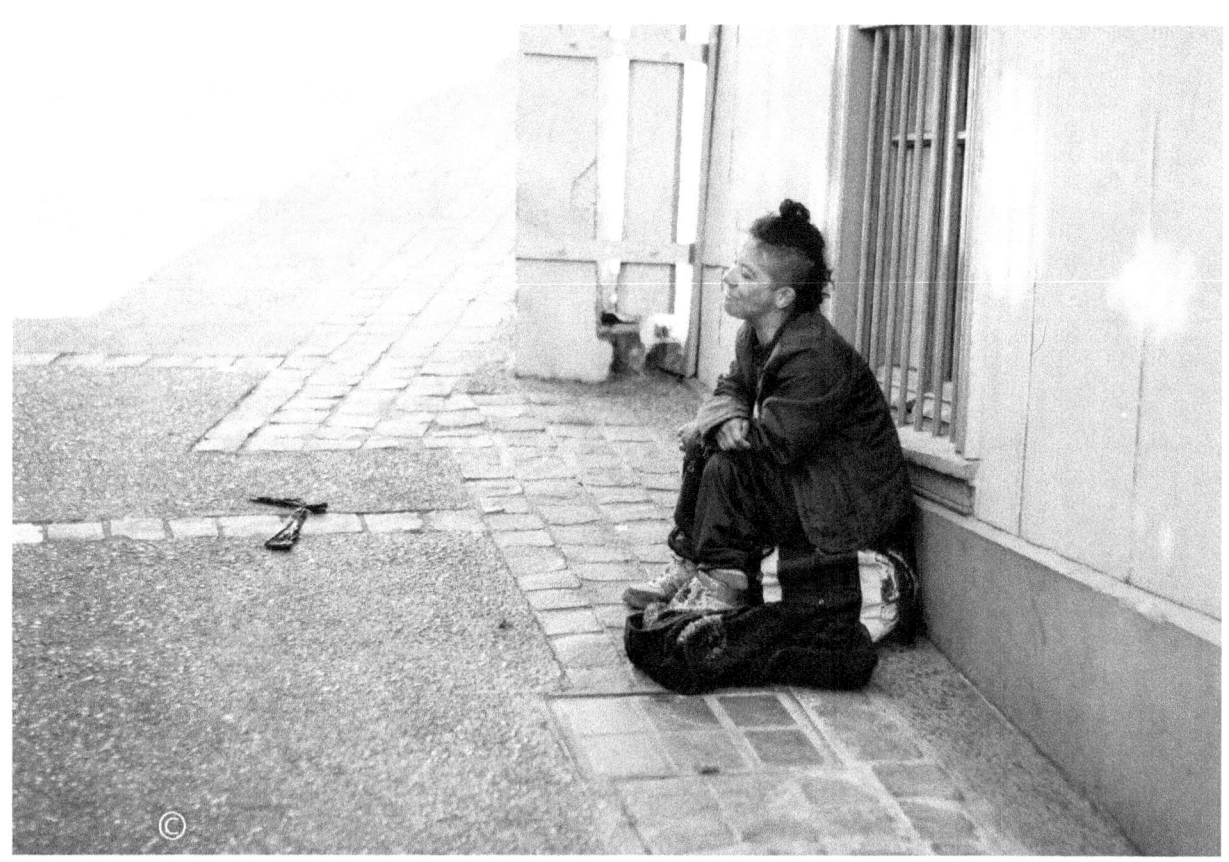

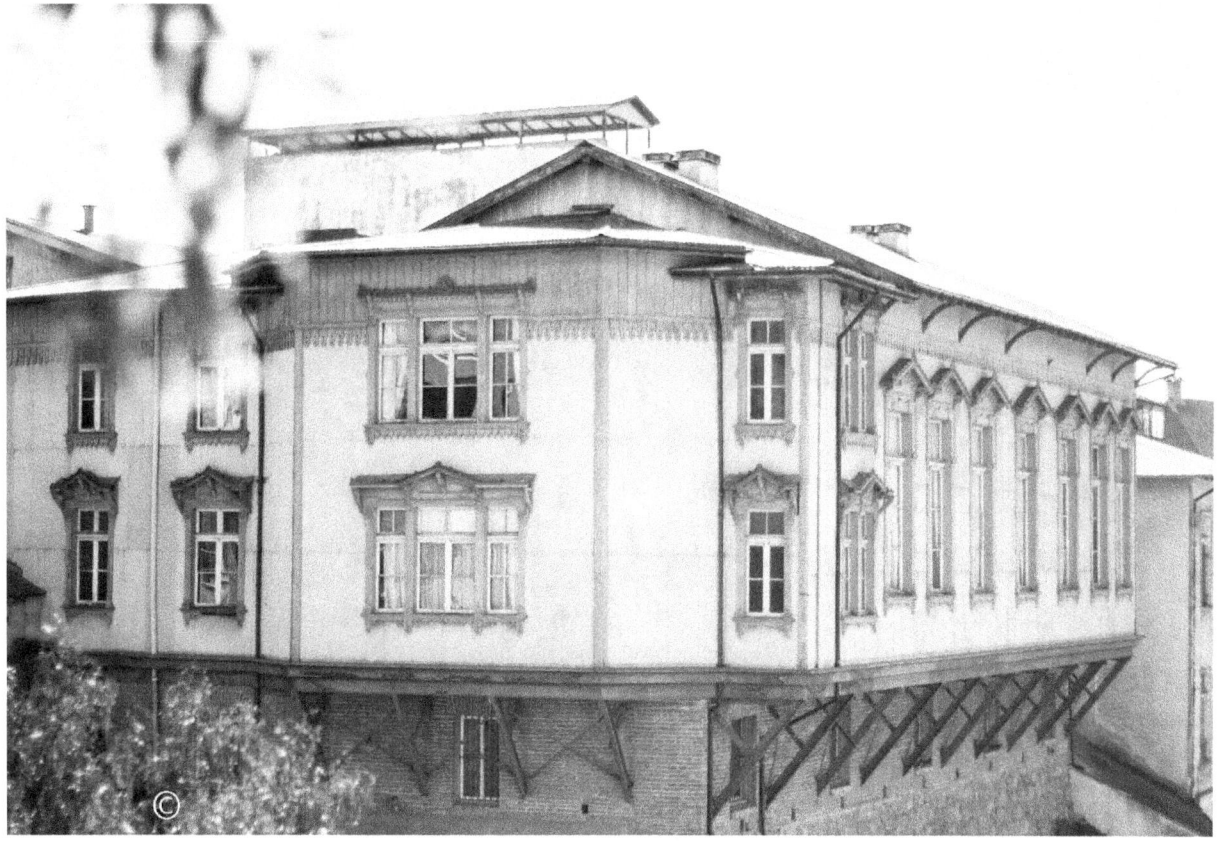